JN439395

강구안 희망가歌

톱장인 강갑중의
50년 인생 노래

도서출판 경남

거북선 지켜보는

통영 강구안 문화마당 한편에서

50년을 묵묵히 톱 씰는 할아버지를

사랑해 주신 여러분께 감사드리며,

그동안 하루하루 일기처럼 써온 글을

이 책에 담아 고마운 분들께 전합니다.

우리 함께라면……

머리말

톱은 나의 인생이다.

20대에 시작해서 내 나이 팔순이니 어언 60여 년간 나는 톱과 함께 살아왔다. 사형제를 먹여 살렸고 자식을 먹여 살린 것도 오로지 톱이었다.

톱은 용도에 따라 제각기 다르다. 봄, 여름에는 나무에 물이 오르기 때문에 톱날이 굵어야 하며 몸통 두께보다 날을 벌려 주어야 한다. 건축을 하는 목수와 배를 만드는 목수가 쓰는 톱의 모양이 거의 같아 보이나 자세히 보면 다르다. 캐는 톱, 도래톱, 상사톱 등 손으로 만드는 톱을 조선톱이라 한다. 무엇을 만드느냐에 따라 톱도 골라 써야 한다.

요즘은 공장에서 대량 생산된 톱 때문에 수제 톱이 거의 사라졌다고 할 수 있다. 그렇다고 배운 도둑질을 어떻게 할 수 없어 나는 아직도 톱을 만들고 수선한다. 문화마당은 나의 인생이자 삶의 터전이다. 그나마 전통에 관심 있는 몇몇 사람들의 도움으로 언론방송도 여러 번 탔다. 어느 날 아침 일어나 보니 유명인이 되어 있었다. 이제 몇 년을 더 이곳에서 버틸지 모른다. 톱을 버리기 전에 나의 인생, 나의 톱 이야기를 남겨두고자 한다.

그동안 도와주신 모든 분들에게 이 책을 바친다.

2015년 여름

강갑중

추천사

저자 강갑중 톱쟁이 할아버지와의 인연은 몇 년 전으로 거슬러 올라간다. 문화마당에서 우연히 톱을 갈고 있는 그에게 톱 한 자루를 사고 이런저런 이야기를 나누고 헤어졌다. 어느 날 나에게 전화를 걸어와 노래 가사를 몇 편 써 놓았는데 보여 줄테니 작곡을 해 달란다. 물론 나는 음악에 문외한이다. 음악을 안다 손 치더라도 내가 작곡을 할 수 없는 노릇이었다. 하도 부탁이 간절하여 하는 수 없이 가사를 받아 와 약간의 수정을 가한 후 음악학원을 경영하는 윤 선생님께 부탁드렸더니 흔쾌히 도와주었다.

이러한 인연으로 나는 그와 가까워졌고 나의 책《사라져가는 것은 다 아름답다》에 그의 이야기를 실었다. 물론 출판기념회에도 기꺼이 참여하여 그의 인생역정을 들려주기도 했다.

올 여름 더위가 한창일 때 또 전화 한 통이 걸려 왔다. 이번에는 써 놓은 원고를 줄테니 책을 만들어 달란다. 원고를 받아들고 적이 고민했다. 경비도 그렇거니와 과연 책이 될지 의문스러웠다. 돈은 걱정하지 말고 꼭 책을 만들어 달란다. 고이 보자기에 싼 원고를 가져와 대강 검토를 마친 후 조심스럽게 '도서출판 경남'에 의뢰해 보았다.

전후 사정을 들은 오 대표께서는 정말 '통영에서는 길가에 서 있는 벅수도 시를 읊는다'는 말이 빈말이 아니라며 최대한 좋은 책을 만들어 보겠다는 연락이 왔다. 이러한 사정을 강갑중 할아버지에게 말씀드렸더니 이제야 소원을 풀었다며 기뻐 어쩔 줄을 모른다.

하마터면 없어질 뻔했던 그의 굴곡 많았던 인생 이야기가 세상에 나오게 되어 다행스럽기도 하고 기쁘기 그지없다. 오늘따라 통영에 사는 것이 더욱 자랑스럽다. 자칭 문화마당 지킴이 할아버지께서도 더욱 건강하길 기원드린다.

김순철 (수필가)

| 차 | 례 |

톱장수 50년

신문기사 및 블로그 글

톱장수 50년

바다의 도시 통영

노을 진 풍경 더 넓은 바다
옹기종기 섬이 모여 이루어진
통영의 바다는 언제 봐도
청정해역 맑은 물 다시 찾는 관광 손님
깨끗한 물에 잡은 어부의 고기
맛이 좋아 찾으신대요
살아있는 생선회 많이 드시고 만수무강하세요
톱도 사가시고요
웃으려고 한 소리입니다.

— 2009. 11. 5

바다와 등댓불

저녁노을 깃드니 날아가는 갈매기
인간이 갈망하는 욕심 없는 저 바다
끝없는 저 수평선으로 나와 함께 동행하지 않으려나
황혼이 짙어지니 들려오는 파도 소리와 함께
불어오는 산들바람 고요한 이 밤을 잠들게 하고
반짝이는 등댓불만이 어두움을 지키며 밤을 새우네

— 2009. 8.

청춘의 꿈

어허야 청춘은 꿈
꿈은 뜬구름과 같도다
젊음이 가는 곳은 길이 있도다
세월을 붙잡아라
붙들어도 뿌리치며 하염없이
가는 것이…….
아~ 청춘은 즐거워!

— 2007. 6. 1

만물이 소생하는 봄

허리띠를 졸라매고 산골로 들어가니
바위틈에 흐르는 물은 마른 목을 적셔주고
나무뿌리 풀뿌리는 허기진 배를 채워주며
낙엽은 우수수 떨어져 포근함에 잠든 초목이여.
아~ 남쪽바람 솔솔 불어 숲 속으로 스며들며
나뭇가지 휘어잡고 이리 건들 저리 건들
자는 잠을 두드리니 움이 트고 싹이 난다.

—2000. 10. 1

17

강구안 희망가

봄의 농부

만물이 소생하는 춘하지절
농부는 밭을 갈고 씨를 뿌리며
종달새 노래하고 짝을 지어 하늘 높이 날고
양지바른 저 언덕에 아지랑이 피어 눈시울을 가리며
소를 모는 저 목동이 발길을 재촉하니
벌써 해는 서산에 기울더라.

— 2000. 10. 1

인내하는 마음

누구나 겨울 산을 올라본 적이 있을 것이다
낙엽은 떨어져 쓸쓸하고 허전한 마음
언제나 그런 것은 아니야
때가 오면 잎이 피고 꽃이 피기도 하지
우리도 열심히 일하며 참고 기다리며 인내하는
마음을 가져야 한단다
저 초목처럼 말이야

— 2000. 9. 5

지리산 천왕봉 정복 기도문

대자연이여
자연과 더불어 살아가는 인간들이여~
그 끈기와 인내로서 지리산 천왕봉을 정복하였도다
우리를 인도하시고 보호하시여 무사히 하산케 하소서
거룩한 이곳에 자리 잡은 신령이시여

— 1990. 5. 5

만물의 법칙

만물은 땅에다 뿌리를 두기에
그 기운을 알아내어 위로는 싹이 트며
밤이면 이슬을 받아 먹고 낮이면 빛을 받아
천지조화 음과 양의 위치를 터득하여
봄이면 잎이 피고 꽃이 피며
여름엔 무성하게 자라서 푸르름을 뽐내며
가을이면 씨를 맺고 낙엽이 지며
겨울을 준비한다
대자연의 순리에 따라 우리 인생도 어디론가
하염없이 가고만 있네

—2000. 3. 5

비행기 타고

나는 비행기 타고 비행기는 구름 타고
푸른 창공 훨~ 훨 날아 둥실둥실 떠나갈 제
뭉게구름 피어 기암절벽처럼 자태를 뽐내고
인간세상 바라보니 이곳저곳 옹기종기 모여 살며
환상의 꿈이던가. 꿈이거든 깨지 말고
현실이면 그 아니 좋으련만!

— 1996. 6.

백두산 천지연

백두여 물을 안고 하늘 높이 솟아 천지라 하며
꽃은 피어 수를 놓아 오는 손님 만접한 듯,
좌편에는 두만강수 우편에는 압록강수
두 물줄기 양손에다 갈라지고 후려치니
오는 바람 가는 구름 이곳으로 적셔주고 추우면
등을 가려 바람막이를 하여 주며,
궁실궁실 뻗어내려 태평양 한복판에다 꼬리를 두고
이름은 한라라 하며 이수만도 삼철이라 거대하고
웅장하여 산이 높고 골이 깊어 물 또한 맑았더라.
뛰어노는 야생들도 물을 먹고 풀을 뜯으며
공중에 나는 새도 숲 속에서 노래하니
삼천리금수강산 만고에 빛이로다.

— 1996. 7.

태풍
2003.9.12~9.13)
0.85m
까지 침수된

해저문 노을빛 두만강

북단에 자리 잡은 두만강수여!
찬 서리 매운바람에도 굴하지 않고
수천 년의 긴긴 세월 모진 바위 깎아내어
그 길목을 열어 동해 바다에 다다랐으니 장하도다.
그 이름 높이 받들며 나 여기 왔나이다
저녁노을 듬뿍 받으며 말없이 유유히 굽이쳐 흐르나니
한치도 어김없이 대자연의 법칙에 따라
오늘도 내일도 흘러만 갈 것이다.

— 1996. 7.

백두산 천지수

옥수 같은 천지수에 천상선녀 목욕하듯
너울너울 넘치는 물
장백폭포를 이뤄내어
그 물줄기 대륙으로 흘렀으니
오천 만 우리 민족 물결 따라 뻗어가리!

— 1996. 7.

지리산 등반로

지리산 천왕봉 등반로로 들어가니
석양으로 지는 해는 산마루에 걸쳐 있고
오고 가는 길손님은 발길을 재촉하며
불어오는 산들바람 내 가슴을 스쳐가고
짙어가는 밤하늘에 별빛만이
외로움을 달래주네.

— 1990. 5. 5

만경창파 푸른 바다

만경창파 푸른 바다 자는 잠을
누가 누가 두드렸나
거친 파도 성을 내어
구름처럼 피어나네
고기잡이 가신 어부
무사함을 기원해요

— 2007. 11.

임 떠난 골목길

눈 오고 비 오는 임 떠난 골목길
발자국만 남기고 떠나 버렸네
쓸쓸한 밤 어두움에 지쳐 잠이 들었소
애타게 기다리던 십년 세월 아~ 이제 나도 가련다
종달새 노래하고 풀벌레 속삭이는
저 넓은 평야로

— 2005. 3. 5

정의의 사나이

너는 정말 정의의 사나이라면
선에서도 악이 있고 악에서도 선이 있어
너의 본분을 분명히 가려야 하며
좋은 말이라 할지라도
남이 듣지 않고 보지 않으면
혼자의 메아리로다.

— 2000. 3. 10

부모님 사랑

하늘같이 넓고 바다같이 깊은
부모님의 사랑 그 은공을 못다 갚아
어머니 아버지 영전에 비옵니다.

그 용역이 도에 넘치면
인간의 관계에 불신을 일으킨다.

맑은 공기 쾌적한 환경 속에서 살고 싶은
인간의 욕망은 떨칠 수 없지만
주변의 눈빛과 목소리는 귀담아들어야 한다.

— 2000. 10. 1

봄 손님

남쪽 바다 먼먼 곳에 봄 손님이 있다더니
강남 제비 등에 실려 이곳으로 오셨는가
양지바른 등불 밑에 파릇파릇 움이 트네
공중에는 바람 날개를 달아 따스한 입김을 불고
땅에는 잎이 피고 꽃을 피우니 기이하고도 허상하다.

— 2003. 3. 5

파 도

왔다 돌아가는 저 파도
애절하게 흐느껴 우는 갈매기
나는 모른 척 아- 그 세월 오십 년
버릴 것 없는 늙은 맹수 이제는
잊어 다오 눈먼 갈매기야

—2005. 4. 5

해맞이

붉게 물들인 2천년 밝아오네
2001년 1월 1일 새해 천년
저 멀리 하늘과 땅 사이
은은히 들려오는 메아리 소리
지구촌 곳곳에 잠을 깨우며
만복을 기원하나니
오오 태양이여 생명의 원천인
빛을 주며 새해 기류에 힘입어
움트고 싹이 트며 영원하리

— 2001. 1. 1

백두산 정기

백두산 높이 솟아
그 줄기 뻗어내려
삼천리 강산을 강타하여
대한민국 대명적인 흐름의 문학이다

— 2003. 3. 5

한 송이 꽃

저 산 능선에 한 송이 꽃이 피고
그윽한 향기 되어 저 산 높다 해도
오는 바람 벗을 삼아 이 골 저 골
더듬더듬 나는 넘어갈 테야

— 2005. 4. 2

신대
소

바다의 감상 · 1

노을빛으로 단장한 저 바다는
지난 세월 뒤돌아보게 하며
울적해지기도 해요
갈매기 먹이 쪼며
대자연의 신비로움에 감탄하여
욕심 없는 저 황홀함에 젖어드니까요

— 2005. 5. 1

쪽빛 바다의 감상 · 2

쪽빛 바다는 언제 봐도
더 넓게 보인다
지난 마음 넉넉지 못하여
용열함이 있지 않았나
욕심 없는 자연은 너무나 신비스럽고
인간의 마음을 사로잡는다.

— 2003. 4. 1

깨어나라 통영의 남망산

슬퍼도 즐거워도 남망산 공원을
한 번 오르고 내리면 그 마음이
후련해지기도 하지요
그렇다면 따뜻한 엄마의 품과
같은 곳이 아닌가요
왜 오늘날까지 말 한마디 없이
잠만 자고 있나요
이제는 깨어나라
통영의 남망산이여

— 2015. 4. 5

노상 노인당 봄 풍경

따뜻하고 양지바른 바닷가에 자리 잡은 노인당은
너울대는 저 바다 철썩이는 파도 소리 오고가는 똑딱선
그 풍경 아름다움을 자랑하는 갈매기 소리에 흥겨워
약주 한 잔 놓고 얼씨구 절씨구 춤추며
웃음소리가 활짝 피었네

여지없이 이때면 찾아오는 남쪽 땅 봄손님
나이 드신 어른께로 먼저 인사차 들렀는가 봐
웅크렸던 주름살 펴며 서로가 의지하며 의기 당당하여
따뜻하고 포근한 마음 북으로 동행하여
아름다운 금수강산 잎 피고 꽃 피우니 그 아니 좋을시고

— 2000. 3. 2

시집 장가 가는 날 · 1

나는 너를 만날 적에 부모 사랑 듬뿍 받아
귀염둥이 이름 지어 배고프면 밥을 주어
이십여 년 길러주신 그 은공을 못다 갚아
달을 받고 날을 받아 시집가는 그날에는
일가친척 모여 앉아 부모 얼굴 주름살에
내 자식 귀염둥이 잘 살아라 그 말씀이 역력하네.

— 2007. 4.

시집 장가 가는 날 · 2

너와 나는 어린 시절 잔디밭에 뒹굴면서
활짝 웃는 그 시절을 아시나요
손을 잡고 껑충대며 뛰어놀던
그때를 기억하나요
우리 인연 천생연분

—2011. 3. 5

톱 만드는 사람 · 1

세상은 넓다마는 나는 한 평 땅
눈이 오나 비가 오나 모진 바람 불어와도
손발을 움켜쥐고 긴긴 세월 오십 년
이 땅에서 톱을 만들고 갈아주며
돌아가는 물레방아처럼 사는 게 그런가 봐
그래도 원망하지 않아요
이 땅에서 주는 선물 우리 가족
살아왔기 때문에

— 1980. 3. 2

톱 만드는 사람 · 2

한없이 넓은 땅도 쓰지 않는 땅이라면
무슨 소용 있으리오
작은 땅도 열심히 일하면서
돈을 버는 톱장사
세월은 흘러가도
이곳에서 오늘도 내일도
열심히 톱을 만드는 사람

— 2007. 3. 6

기도문

처수는 어찌하여 정육주와 부부 인연을 맺어
반평생을 살면서 일남 이녀 자식을 두고
있는 정 없는 정 베풀면서 오순도순 살더니만
두 사람이 낳은 자식 아빠 품에 안겨놓고
정만 두고 훨훨 날아 천상으로 가셨나이까
오늘밤 기제일이라 여러 친지들 오신 자리에서
많이 진지하시고 두고 간 자식 책임감을 통감하시고
가련한 남편의 심기를 어여삐 여기시어
가정 평안 주옵소서

— 1995. 3. 2

사랑의 호소문

여러 동기간이 많이 오셔서 정육주의 위안을
주고받으며 내일의 설계를 구상하며 가정의 화목을
도모하니 나로서도 감격의 화목을 표현하나이다
인생이란 한때는 기쁨 속에서 또 슬픔 속에서
이렇게 살아가는 게 인생인가 봅니다
그러나 오늘이 있으면 내일이 있음을 상기하면서
용기와 인내는 스스로가 개척하오니 힘을 내시어
가정 평안과 행운을 기원합니다

— 1995. 3. 2

통영시장님께 · 1

제일은행 앞 바닷가의 노상에서 20년 30년 삶의 터전을 삼아 하루하루 돈을 벌어 자식을 기르며 세금을 내고 오늘날에 이르기까지 생존해 온 것을 시장님께 감사드립니다. 들려오는 말로 금년 내로 해안 벽축공사가 완공되면 유료주차장이 된다 하고 집을 지어 분양한다는 말도 떠돕니다. 어쨌든 완공되면 이곳을 떠나라고만 하시겠습니까? 어디를 가겠습니까? 우리들의 아픈 마음을 어루만지시며 넓으신 아량으로 베풀어 주시기 바랍니다.

집을 지어 분양한다면 우선권을 주지 않으실런지요. 통영의 재정수익의 일환으로 공영유료주차장을 하더라도 우리에게 운영관리를 맡겨 주시기 바랍니다. 그것이 불가하면 세금을 내더라도 한 부분을 잘라 일하며 생계를 이어갈 수는 없으신지요. 우리들의 요구가 도에 넘치는지 미흡한 저희들의 생각에는 진리요 순리라 생각되어 간청드리옵니다. 바닷가의 노상 일동 이름으로 기도하는 마음으로 해답을 바라겠습니다.

문민정부 지방 시대를 열어가는 고동주 통영시장님께
— 1996. 10. 16

서명날인 · 2

제일은행 앞 바닷가의 노상에서
이십 년 삼십 년 삶의 터전을 삼아
오늘날에 이르렀으나
해안 벽축 공사가 끝나면
우리의 터전을 잃게 된다는
8명의 우려의 목소리
기쁨보다 슬픔 또한 많았으니
한 번 더 돌아보소서.

— 1996. 10. 16

티비 모금 감격

우리는 하나이며 너와 내가 없는 것이다
오르면 내려가고 슬픔도 기쁨도 함께하는
인간의 긴 여정
행복한 자 불행한 자 모두 다 함께
어깨동무 강강술래 강-강-술-래
작은 정성 모금 앞에 왔나이다.

— 1998. 4. 1

한 번 웃어 보세요

굴 까는 통영 아가씨가
따뜻하고 양지바른 이곳에다
나를 붙들어 놓고
갈매기 벗 삼아 한세월 가다보면
검은 머리가 흰 머리 될 때면
이곳을 찾겠노라고 하는데
그날이 언제 올는지
세월이 가면 청춘도 가는 것인데
이제는 잊어다오
그래서는 안 되겠지요
하– 하– 하
농담도 잘하시지요
호– 호– 호
농담도 참~~~

— 2010. 2. 1

부모와 자식

저 넓은 밤하늘을 바라보라
반짝이며 지나가는 어린 한 소년
지구를 갈망하며 우주 속으로 떠돌며
은은히 들려오는 저 목소리 나는 들었나니
참을 길 없어 대자연의 법칙 무지개다리를 놓아
인간의 세상으로 도통하였으니
그의 이름 천둥이라 칭하며 그 눈빛 활활 타오르는
횃불과 같으며 말하기를 바라보며 자식과 부모라 하며
칭호를 주었다 이리하여 한없는 사랑 그 깊이 속에서
샘물이 솟듯 인연은 그렇게 이어져 가는 것이더라.

— 2001. 1. 5

철없는 그 시절

어린 시절 친구들과 손을 잡고
뒷동산 잔디밭에 뒹굴면서
진달래꽃 꺾어들고 “엄마” 하며
껑충껑충 뛰어가던 그때를 생각하며
옛 추억을 뒤돌아보며 살아가는 게
인생인가 봅니다

— 2008. 3. 7.

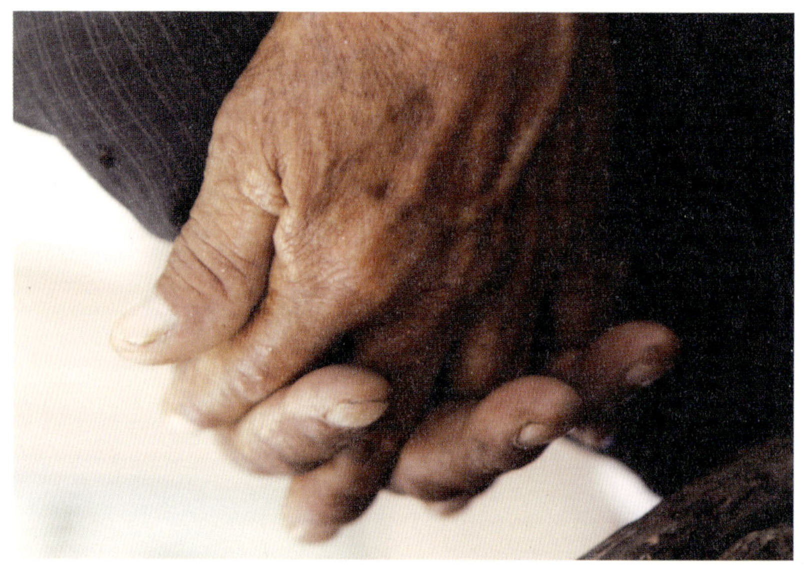

일하면서 만난 사람 · 1

손발을 찌르는 듯한 추운 겨울도 지나고 움츠렸던 나의 몸을 살포시 포근하게 녹여주는 사월 초 유난히도 그날은 따뜻하여 나들이하기에 알맞은 날씨였다.

내 옆에 말없이 톱 가는 것을 바라보고 서 있는 사람이 있었다. 어디서 온 분이십니까? 물었더니 "서울에서 생물학을 연구하다가 건강이 안 좋아 휴양 왔어요." 하시기에 어찌 이곳으로 오게 되었는지 물었더니 "통영은 공기가 좋고 바다에 나는 생선이 싱싱하여 오게 되었다"고 하였다.

그렇게 맺어진 인연을 친구가 되어 잘 지내게 되었지요.

일하면서 만난 사람 · 2

안녕하세요. 먼저 미안하다는 말부터 해야 되겠군요.

딴 뜻이 있겠소. 그 순간 내 잠시 흥분했을 뿐이라오.

인간은 살아가는데 순조롭지만은 않은 것 같소

이미 펜을 들었으니 소감을 남겨야 하겠소

좋은 것도 옳은 것만은 아니며 나쁘다 하여도 서로가 이해하는 그 마음속에 인간의 진리가 거기에 있더라. 도둑맞고 사립문 고친다는 말이 있어 어그러진 담도 쌓고 하였으니 적은 것을 잃고 큰 것을 얻었다면 그 또한 인간의 지혜를 얻음이 아니겠소. 시절이 좋아 배부르니 백성들은 태평가를 부르고 있지만 마음 한 곳에는 멍들어 가고 있어요.

태풍이 불어 성난 파도가 배를 한 척 엎었다 하여 악이 되나요. 저 산 중턱이 불이 나 오십 년 백 년생 나무가 탔다 하여도 불탄 나무는 한 주먹 재가 되어 땅에 흩어지고 그 밑에는 새로운 생명체가 돋아나고 있어요. 우주 속에 인류는 그런 수난 끝에 오늘날에 이르게 된 것이 아닐런지요?

우리 대화하는 이 자리도 많은 시련들의 극복 끝에 이루어진 작은 한 부분인가 싶네요.

그리고 화제를 돌려야 하겠소.

먼 훗날 인연이 있어 다시 만나면 그 시절 그 추억 아름답게 여기시고 함박웃음으로 만나길 바라오.

짧은 기간에 많이 참 많이 배웠소.

무엇을 배웠냐고 묻지 마시오.

할 말 다하면 정말 소설책을 한 권 써야 하니 말이오.

이만 안녕.

— 2000. 4. 6

사형제 살아온 길

나는 삼남 일녀 장남으로 태어나 열두 살 되는 해에 아버지 돌아가시고 어머니 모시며 어린 동생들과 함께 살면서 모친의 새로운 각오가 확실해지면서 장사를 시작하는 것이었다. 작은 농사라 내가 돌보며 살아오다가 세월은 흘러 군에 입대하게 되었다. 복무 중에 휴가를 받아 집으로 돌아오니 병중에 앓고 있는 어머니, 나는 한약방에 가서 약을 지어 드렸으나 결국 돌아가시게 되었다. 그리하여 부락민의 도움으로 장례는 무사히 치르고 가로막는 눈물을 억제하며 부대에 복귀했다. 그러나 늘 고향을 바라보며 슬픔도 기쁨도 모두 다 참고 이겨 나갔지요.

— 2008. 9. 5.

고향 친구

내가 태어난 고향은 고성군 하이면 와룡리 산골마을
조그마한 시골이었지요.
산이 높고 골이 깊어 개울물 맑았으니 낮이 되면
이웃 아줌마 모두 모여 빨래터로 변하기도 했지요.
해가 지면 철마산 양 바위에 부엉이 울고 밤이 으슥하면 야생늑대도 산에서 내려와 사람 옆으로 살포시 지나가기도 했지요.
이제는 그 자취를 감추었지만 이런저런 보고 들은 것을 모아 동무들끼리 이야기하며 그 정을 쌓아 나가지요. 그러기에 고향 친구는 잊히지 않는 옛날 친구라 하는가 봅니다.

— 2009. 9. 2.

장남의 본분

군복무를 마치고 애달픈 사연 쓰라린 가슴을 움켜안고 열차에 몸을 의지한 채 고향으로 돌아오게 되었다. 어린 동생들을 바라보며 돌아가신 부모님께서 모든 책임을 나에게 맡겨두고 갔으니 너희들은 나를 믿으며 따라오라 나는 용기와 힘을 내어 우리 모두 함께 꿋꿋하게 살아갈 것이다 하며 마음의 의지를 하면서도 혼자 힘으로는 너무나 벅찬 일이었다. 열심히 일한다 하여도 가정을 돌보며 이끌어 가는 사람이 있어야 했기 때문이다. 다행히도 강양순 여동생이 내 밑에 있었기 때문에 집안을 돌보며 화목하게 유지되어 오늘날이 있지 않은가 이 오빠는 그렇게 생각하고 있단다.

— 2010. 4. 5

사형제 결심

양친 부모를 잃은 사형제는 서로를 의지하며 열심히 일하며 살아야 한다는 굳은 결심 속에 나의 나이 이십육 세 제대한 직후 1959년으로 생각된다.

품팔이를 하려 해도 일꾼을 먹이는 것이 힘들어 일을 시키지 않는 너무나도 어려운 때였다. 노력하며 살아가는 길을 찾아야 하는데 하며 부모님께서 손수 만들어 쓰시던 손때 묻은 짚으로 만든 바구니 앞에 서서 어린 동생들과 힘차게 살아갈 수 있도록 천상에 계시는 아버지 어머니 못난 자식에게 지혜를 주옵소서 하며 두 손 모아 정성을 드리기도 했지요.

—2010. 5. 5

염 소

— 열심히 일하면 미래가 보인다

나의 집에서 6백 미터 떨어진 산 능선 구부러진 저쪽 나의 산이 4정 있지요. 그곳에다 축사를 짓고 가축을 기르기로 생각했지요. 그때가 1960년대 사는 것이 어려워 고심하던 중 정부에서 축산자금이 나와 이 돈을 조금 안고 어미염소 5수, 수컷 새끼염소 20수 길러보니 어미염소 새끼를 가졌을 때에는 서로 부딪쳐 손실이 많기에 딴 막사로 분리해서 길러야 하지. 4월 전후에 어린 수컷을 사들여 잘 길러 11월, 12월에 팔면 그 당시 3천 원에 사들이면 7~8천 원 받을 수 있었지요. 7~8개월 길러서 수입이 적다 하겠지만 마릿수가 많으면 재미가 꽤 쏠쏠하지요. 그리고 뒷자금이 들지 않지요.

— 2012. 4. 21

땀의 결실

— 50년 전 살아온 발자취 이제는 77세

산기슭 소가 풀을 뜯는 묵정밭 1천 평이 있었지요.

이곳을 개간하기 위해 이웃 어른께 땅주인이 누구인지 물었더니

옛날에 강씨 영감님이 붙이던 땅이라고 하셨지요.

그렇다면 우리 집안 윗대 할아버지가 아니냐 하며

괭이를 들고 열심히 일하는데 이웃 사람들이 가축들이 나와 노는 잔디밭을 일구어 무슨 곡식이 되겠느냐고 했지만 나는 좌절하지 않고 희망의 길은 노력의 대가로 이루어지는 것이다 생각하고 부지런히 일한 결과 드디어 밭을 일구어 내었지요. 거기다 고구마를 심어 식량으로서 큰 보탬이 되었지요.

— 2012. 5. 23

살아온 길

— 실화 · 1

1960년대 나이 26세, 나의 결심은 노력 속에서 희망을 찾는다 하여 일할 수 있는 궤짝을 만들고 강판을 자를 수 있는 절단기를 사서 톱을 만들어 짊어지고 여객선을 타고 남해군으로 들어갔다. 상주부락에서 일을 하는데 칠팔 세 되는 남자아이가 옆에 앉아 말하기를 "이렇게 다니면 안 가는 곳이 없겠네요." 하였다. "그래 나는 어디든지 다닌단다. 왜 그렇게 묻느냐"고 하였더니 "이리 다니다가 우리 어머니 만나시면 찾아 주세요." 하기에 "그래, 너희 어머니 만나면 네가 찾고 있는 애절한 사정을 말해주마. 그러면 어머니의 얼굴이나 어디 표적이라도 있느냐." 하니 "얼굴이 검은 편이며 한쪽 눈이 적어요." 하며 말한다. "아버지가 없느냐"고 하니 돌아가셨다고 한다. "너는 어디서 살고 있느냐? 물으니 "삼촌 집에 있습니다."라고 하였다. 남자아이는 똑똑한 편이었다. 나는 왜 그렇게 물었는가? 아이의 마음은 새싹과 같은 부드러운 소망이 어린 천심의 마음이길래 실망을 주어서는 안 된다는 생각이 문득 들었기 때문이다. 그리하여 하루해는 저물어 갔다.

— 2012. 6. 7

살아온 길

— 실화 · 2

다음 날 한 마을에서 일을 하고 있는데 한 분이 찾아와 자기 집에 일이 많은데 와서 톱을 갈아 달라고 하였다. 집으로 찾아가 일을 마치고 하룻밤 자고 가는데 아침 식사를 하게 되었다. 밥상이 아주 거창하였다. 오늘 아침이 나의 생일이기 때문에 더 궁금증이 난다. "평소에 밥상이 아닌 것 같은데 누구 생일이라도 됩니까?" 물었더니 "아들이 서울 있는데 오늘 아침이 그 애 생일이지요." 하였다. 생일 밥을 잘 먹고 남해읍을 돌아와 저녁 식사를 하는데 아침이나 다를 바 없이 만찬이다. 주인에게 물었더니 오늘 딸아이 생일이라 한다. 이런 경사가 있나 오늘 세 사람의 생일잔치가 벌어진 셈이다. 내가 겪은 실화 15일간의 장사를 마치고 집으로 돌아왔다.

— 2012. 6. 10

살아온 길
— 실화 · 3

5일간의 휴식을 취하고 거제 산양읍으로 지나는 데 같은 일하는 분을 만났다.

어디서 오셨느냐 물었더니 부산에서 왔다고 한다. 거기서 헤어지게 되었다. 나는 산기슭에 한 마을을 찾아가니 일이 없어 오수부락으로 들어가니 일행은 앞에 와서 일을 많이 받아놓고 있었다. 마을 어른들이 같은 일하는 분 같은데 여기 놓고 일을 해보라고 권한다. 나는 사양하며 서 있는데 동료가 일을 해보라는 것이었다. 나는 참았다. 다시 권했다.

그리하여 한쪽 옆에 앉아 일을 하는데 한 시간이 못 되어 기술자는 이분이라 하며 많은 일거리가 나한테로 다 오게 되었다. 일거리가 다 빠져나갔으니 화가 바짝 났다. 둘이서 격투가 벌어졌다. 서로가 상처 없이 내가 이겼다. 나보다 세 살 더하는 분이길래 주막으로 들어가 사과하며 술을 받아 드리니 좋아하는 것이었다. 그분은 거제읍으로 간다 하고 나는 삼일 동안 일을 하고 내려가니 읍에서 만나게 되었다. 의심스러웠지만 내가 보기에 표정이 밝아 보였다. 이런저런 이야기를 나누다 보니 뜻이 맞아 여기서 일을 해보자는 것이었다. 세 시간 작업 끝에 두 사람이 돈을 많이 벌었다. 절반을 떼어주니 받은 돈 반을 도로 내어준다. 기술자는 당신인데 같이 나누면 안 된다는 것이었다. 내 느낌에 세상을 바로 보고 사는 것 같았다.

그렇다면 이 돈으로 술을 먹읍시다, 하니 반가워한다. 받은 돈으로 빵을 조금 사고 그분이 가는 곳을 따라 술집으로 들어갔다. 주모를 불러 술을 가져오게 하였는데 주모의 얼굴을 보는 순간 상주에서 어머니를 찾는 아이의 말과 얼굴의 표적이 틀림없는 분이었다. 하여 "남해 상주 아줌마 아닌가요?" 하니 깜짝 놀라며 "어디 계십니까?" 라고 묻는다.

나는 "이곳저곳을 떠도는 장사꾼이지요." 하며 "내가 묻는 말에 답변이나 하세요." 하니 상주 아줌마가 맞다고 한다.

남해 상주를 지나다가 육칠 세 되는 남자아이를 만났는데 "이렇게 다니다가 우리 어머니 만나면 찾아 주세요." 하고 말했다고 했다.

꿈같은 일이지만 그애 어머니를 이렇게 만나 이야기를 나누는 중

자식의 애절한 사연, 그 슬픔에 주모도 술을 내고 우리도 술을 받고 이야기 중에 훗날 다시 그곳을 지나다가 우리 아들 만나면 엄마는 돈 많이 벌어 십 년 후에 찾아가겠다고 한다. 그리하여 헤어졌다. 현재는 통영시로 부르지만 그 당시에는 충무시로 불리었다. 나는 노상에 자리를 잡고 찾아오는 손님의 톱을 갈아주며 십 년이 지난 후에 그 지방에서 오는 손님에게 주모의 사정을 물었더니 고향에서 십칠팔 세 되는 아들이 찾아와 마산으로 이사를 갔다고 한다.

— 2012. 6. 10

굴 까는 통영 아가씨

1.
두 손을 불끈 쥐고 통영의 명물이라
굴 까는 아가씨 가는 세월 모르나요
예쁜 나이 스물두 살 반짝이는 두 눈동자
나도 몰래 정이 들어 두 손을 마주치며
사랑한다 그 약속을 너는 벌써 잊었나요
굴 까는 통영 아가씨

2.
양손에 힘을 주고 통영의 명물이라
굴 까는 아가씨 가는 세월 모르나요
예쁜 나이 스물두 살 방긋 웃는 그 모습에
나도 몰래 정이 들어 양손을 흔들면서
사랑하는 이 사람을 너는 벌써 잊었나요
굴 까는 통영 아가씨

—2010. 1. 5

기다림

임 떠난 부두에 홀로 남아
기다리다 지쳐 쓰러져
넋이라도 한 포기 이름 없는
잡초가 되어
따뜻하고 양지바른 이곳에서
십 년이 가고 백 년이 가도
그리운 님 돌아오시기를 기다리노라

한없이 기다리고 또 뒤돌아보는 애환이 서린
자연의 노래

— 1990. 5. 2

한 송이 꽃이라도

1.

한 송이 꽃이라도 사랑받는 꽃이 되어
향기 품은 내 가슴은 당신만을 사랑해요
해마다 봄이 돌아오면 이곳을 찾아와요
다시 되어 만나리라 백 년을 핀다 해도
지나고 또 지나도 어차피 하룬 것을
천년만년 비옵니다 행복을 누리세요

2.

세월은 흘러가도 사랑받는 꽃이 되어
설레이는 내 마음도 당신만을 사랑해요
해마다 봄이 돌아오면 풍기는 향기 되어
다시 피어 만나리라 백 년을 핀다 해도
지나고 또 지나도 어차피 하룬 것을
천년만년 비옵니다 행복을 누리세요

— 2010. 1. 6

톱장수 50년

1.

잔잔한 바다 위에 날개 치는 갈매기야
내 마음을 알았는지 순진하게 날고 있네
그 세월이 오십 년 질기구나 인연이여
이제는 잊어다오 눈이 먼 갈매기야
찬바람이 불어와도 살아가는 일념에
슥삭슥삭 톱을 갈며 미소 짓는 톱장수야

2.

찬서리 내려와도 날고 있는 갈매기야
먹이 찾아 짝을 찾아 순진하게 날고 있네
그 세월이 오십 년 질기구나 인연이여
이제는 잊어다오 내 사랑 갈매기야
매운바람 불어와도 갈매기 벗을 삼아
슥삭슥삭 톱을 갈며 하늘 보는 톱장수야

— 2012. 3. 2

어머니 빨래터

1.

맑은 물 흐르는 곳 산골마을 내 고향
개울물 맑았으니 어머니의 옛 빨래터
와룡리라 이름 너른 이 고장에 태어나
오늘도 바라보며 향수에 젖어들면
흐르는 물 옛 물인데 가는 세월 잊었는지
말없이 말도 없이 흘러만 가고 있네

2.

꽃송이 띄워놓고 못난 자식 늦게서야
철들어 불러보네 어머니 어머니여
와룡리라 엄마 찾아 헤매이던 골목길
오늘도 바라보며 옛 생각 빠져들면
흐르는 물 옛 물인데 가는 세월 잊었는지
말없이 말도 없이 흘러만 가고 있네

— 2012. 3. 2

통영의 여인

1.

갈매기 배고파 먹이 찾아 날고 있네
똑딱선 오고 가는 통영항 연안부두
그리운 님 가신 배는 왜 안 오시나요
고기 잡아 만선 되면 오시렵니까
깊은 밤 잠 못 이루니 스쳐가는 찬바람도
내 마음을 알았는지 기다리다 지쳐가는
통영의 여인이라오

2.

갈매기 짝을 잃고 임 찾아 날고 있네
똑딱선 오고 가는 강구안 문화마당
보고픈 님 타신 배는 왜 안 오시나요
고기 잡아 만선 되면 오시겠지요
깊은 밤 잠 못 이루니 스쳐가는 찬바람도
내 마음을 알았는지 기다리고 기다리는
통영의 여인이라오

— 2009. 12. 5

통영의 남망산

1.

찬바람 불어와도 홀로 섰는 남망산
깊어가는 밤하늘에 별빛만이 벗이 되어
깊은 사연 있었길래 그리웠던 그 사연을
오고 가는 똑딱선만 바라보고 서 있나요
한산섬 배 떠난 뒤에 파도 소리 요란하네
해 뜨는 통영항 파도 치는 해변길

2.

깊은 밤 짙어와도 홀로 섰는 남망산
바다 건너오는 바람 내 가슴을 스쳐가네
깊어가는 밤하늘에 별빛만이 벗이 되어
반짝이는 등댓불만 바라보고 서 있나요
한산섬 배 떠난 뒤에 파도 소리 요란하네
해 뜨는 통영항 파도 치는 해변길

— 2012. 3. 2

통영의 케이블카

1.

떠오르는 통영의 케이블카 아시나요
서울 손님 오시려나 앉을 자리 비워놓고
가족 동반하여 주면 그 아니 좋으련만
말만 들어 설레이는 남쪽 바다 한려수도
남동으로 펼쳐진 그림 같은 섬마을
가족 동반 손을 잡고 그 기쁨 나눠보네

2.

남쪽 바다 미륵도 케이블카 아시나요
귀한 손님 오시려나 앉을 자리 비워놓고
부부 동반하여 주면 그 아니 좋으련만
보고 싶은 남쪽 바다 설레이는 한려수도
남동으로 펼쳐진 그림 같은 섬마을
부부 동반 손을 잡고 그 기쁨 나눠보네

— 2012. 3. 2

신문기사
및
블로그 글

한산신문

쓱쓱싹싹 톱과 함께한 40년

— 이젠 시와 노랫말도 척척

거북선이 위용을 자랑하며 떠 있는 통영시 강구안.

그 강구안을 배경으로 문화마당 한켠에서 푸른 바다와 펄렁이는 깃발을 벗 삼아 톱을 만들고 있는 한 노인이 있다.

바로 군 제대 후 40여 년간 오로지 톱을 만드는데 인생을 건 강갑중(74, 태평동) 할아버지이다.

연장이래야 할아버지를 닮은 투박한 작업대와 망치 하나, 강철을 반반히 쳐다보다 할아버지 표 망치를 이리저리 휘두르면 균일한 모양의 톱니가 할아버지를 향해 줄을 선다.

톱을 만들고 소나무 손잡이를 끼우는 모습이 어찌나 진지한지, 흡사 황순원 소설의 '독짓는 늙은이'를 떠올리게 한다.

이쯤 되면 구경꾼들이 줄을 선다. 길 가던 관광객조차도 마치 유명 연예인을 만난 양 사진 촬영을 하자고 조른다.

"톱 만든 지 40년이 좀 넘었지예. 군에 갔다 와서 3년을 고민한 끝에 내린 결론이 톱 씰는(만든다는 통영말) 일이었구만, 지금 생각해도 참 잘한 일이야." 강 할아버지의 톱 예찬론이 시작된다.

"그 당시 크게 배운 건 없지. 특기는 하나 있어야지. 그럼 기술이 필요하고…. 그 당시 농사와 수산업이 주업인 통영에선 톱 기술 하나면 먹고사는 데 지장 없겠다 싶어 시작했다."고 한다.

처음에는 실수도 많이 하고 낭패도 봤지만, 나름대로 연구에 연구를 거듭한 결과 강갑중 표 수제 톱을 완성, 불티가 났다.

통영 사람 중 알 만한 사람은 다 아는 일이다.

"내 작업장은 처음에는 여기가 아니었제. 제일은행 생기기 전에는 그 터 앞에 있다가 은행 생기자 옆으로, 또 길이 넓혀지자 그 옆으로 옮겼지. 하지만 내 고객은 늘 나를 찾아 주었지. 암만~ 고맙제."

이런 할아버지 톱은 소위 잘나갈 때 1년에 1천 개 넘게 팔렸다. 그리고 톱니가 무뎌지면 요즘말로 무한 리콜 서비스로 '1년에 1천 개

팔고 1천 개 수리하고'를 반복했다.

"미군 잠바를 입고 톱을 씰었는데, 어찌나 돈이 많이 들어오던지 잠바가 터질려고 하구, 그렇다고 사람들은 많은데 잠바를 벗을 수도 없고… 정말 신나고 신나쩨~이."

그 덕에 강 할아버지는 장가도 가고 3남 2녀를 훌륭하게 성장시켜 시집 장가를 다 보냈다.

하지만 세월은 흘러 시대도 변했다. 산업도 변했다. 그리고 톱을 만드는 기계도 등장했다.

"기계톱 10개 줘도 내 톱 1개도 아까워 안 바꿔. 강철에 사람 손이 들어간 톱이 얼마나 야문데 감히 기계톱에 비유해." 강 할아버지가 버럭 화를 내신다.

자신의 40인생과 바꾼 이 톱이 얼마나 소중한지 마치 아기 다루듯 한다. 물론 가격도 기계톱보다 2~3배 비싸다.

하지만 제대로 된 일꾼들은 기계톱보다 강 할아버지 톱을 선호한다.

"이렇게 항구에 앉아 톱을 만들고 있으면 세상 그 누구도 안 부럽지. 섬에서 누군가 나를 찾아올 것 같구 저 파도가 나를 향해 노래를 불러주고, 바다가 주는 기대감이겠지~."

그래서일까. 요즘 할아버지는 시를 쓴다. 그리고 그 시로 톱일을 하면서 노랫말로 변신시켜 노래도 부른다.

보는 이들에게는 요즘 보기 힘든 톱일에 플러스 알파까지. 톱을 만드는 이도 보는 이도 시간 가는 줄 모른다.

"큰 욕심은 없어. 그냥 톱 만드는 게 좋아. 그리고 톱 만들다 시도 쓰고, 노래도 짓고. 아~ 한 가지 소원이 있네. 그동안 짬짬이 써 온 시 40편을 책으로 엮고, 그중 한 놈을 정식 노래로 만들었으면 좋겠네."

한국 최고의 톱을 만드는 일흔넷 병아리 시인가수의 탄생이 머지않았다. 강 할아버지 파이팅!

— 김영화 기자(한산신문, 2009년 8월 15일 토요일)

시의 향기 넘치는 강구안 톱집

— 40년 한길 톱 만드는 강갑중 할아버지

임 떠난 부두에 홀로 남아
기다리다 지쳐 쓰러져
넋이라도 한 포기 이름없는
잡초가 되어

따뜻하고 양지바른 이곳에서
십 년이 가고 백 년이 가도
그리운 님 돌아오시기를 기다리노라

떠나간 이에 대한 사무친 그리움이 느껴지는 이 시의 주인공은 시인이 아닌 톱을 만드는 사람, 강갑중(75세) 할아버지다. 40년… 결코 적지 않은 세월을 이곳 강구안에서 톱을 만들기도 하고, 시를 짓기도 하는 그는 현재 통영에서 유일하게 직접 톱을 만드는 '톱장이'다.

그를 유일한 사람으로 만든 것은 그가 가진 기술과 세상 그리고 시간이었다. 톱을 처음 만들기 시작한 그 당시에는 톱 만드는 사람을 드물지 않게 볼 수 있었다.

하지만 빠르게 변하는 세상은 그들의 기술을 더 이상 필요로 하지 않았다. 흐르는 세월 옆에 세상을 떠난 사람, 혹은 자꾸만 현대화되어 가는 세상을 견뎌 내지 못한 사람들이 그를 유일하게 만들었다.

외길 인생 40년…. 강갑중 옹을 만나기 위해 햇살이 여름의 초입 같던 지난 20일 강구안을 찾았다.

희망을 위해 찾은 곳, 통영

고성군 하이면 와룡마을에서 출생한 그는 12살 어린 나이에 혼자가 되어 그리움을 품고 자랐다.

"양봉도 해보고 염소며 닭도 길러 보기도 했다. 하지만 그 당시 밥은 먹고살 수 있으나 희망이 없었다. 그래서 톱 만드는 일을 배웠다."고 말하는 그는 밥보다 희망에 더 고파 있었음을 알 수 있었다.

굳이 톱 만드는 일을 선택한 이유가 뭐냐고 기자가 물으니 "삼천포에 톱을 만드는 영감님이 한 분 계셨다. 장을 보러 가는 길에 여러 번 눈여겨봤었다. 이 일 저 일 생각해 봐도 내 맘에 드는 것이 톱 만드는 일뿐이었다."며 멋쩍게 웃었다.

그렇게 그는 톱 만드는 기술을 배워 5년간 고성의 이곳저곳을 돌아다니면 톱이며 칼, 가위를 수리해 주기도 하고 팔기도 하며 실력을 쌓았다.

"톱이라고 다 똑같은 게 아니다. 용도에 따라 톱날도 다른 법이다. 돌아다니며 사람들의 욕구에 맞춰 이렇게도 해주고 저렇게도 해주다 보니 요령도 생기고 자신도 생겼고 사람이 많은 통영으로 오게 됐다."며 통영으로 온 사연을 이야기했다.

내 손으로 직접 만드는 것, 그것이 비결

강갑중 옹은 "처음 통영에 왔을 땐 이미 4명이 톱을 만들고 있었다. 지금은 나이가 들어 돌아가시기도 했고, 수지가 맞지 않아 그만둔 사람들이 않다."며 안타까움을 나타냈다.

현재까지 계속 일을 할 수 있는 이유가 있느냐는 기자의 질문에 "나는 톱을 직접 만든다. 부산에서 쇠를 구입해 집에서 재단을 한다. 그래서 그나마 물건을 받아 파는 사람들보다 낫기 때문에 계속 일을 할 수 있다."고 말했다.

비가 오는 날은 어떻게 하느냐는 질문에 "집에서 쉰다. 그런데 4, 5, 6월은 찾는 사람이 적어 집에서 톱을 많이 만든다."고 말하며 "하루에 1자루 혹은 2자루, 아예 못 팔 때도 있다. 하지만 손님이 오늘 없다고 내일도 없는 것이 아니라 괜찮다."며 여유로운 모습을 보였다.

내 인생의 즐거움, 그것은 시

그가 시를 읊조리자 주변 사람들이 모여들기 시작했다.

흥에 겨워 즉석에서 시를 지어 들려주는 그는 강구안의 명물이다. 이미 서른여 편이 넘는 시와 한 곡의 노래를 작곡 중에 있다고 말한다.

"사실 시가 되는지 안 되는지도 모르겠다. 하지만 이렇게 아름다운 풍경을 앞에 두고 있으니 시심이 솟는다. 꽃 한 송이, 풀 한 포기를 보아도 마음이 동해 글을 적어본다."고 말하며 또 한 편의 시를 지어 들려주었다.

끼와 재능이 넘치는 그는 TV에도 출연한 경험이 있으며, 통영을 찾는 관광객들에게 사진 모델이 되어 주기도 한다.

"티비에 출연한 덕분에 전국 각지에서 톱 주문이 들어왔다. 관광객들도 날 알아보고 톱을 사가기도 한다"며 신기한 듯 이야기한다.

그는 "내가 기력이 다하는 날까지 이 일을 할 거다. 그리고 내 살아온 인생을 글로 남기는 일을 하고 싶다."며 작은 소망을 이야기하고 부드럽게 웃었다. 기계와 의자, 톱진열대가 전부인 것처럼 보이는 그의 가게에서 넘치는 따뜻한 시의 향기는 강구안 문화마당을 채우고 있었다.

— 이영림 기자(한려투데이, 2010년 4월 23일)

경남도민일보

톱 할아버지 시에 날개 달아 주세요

통영 문화마당에 한산대첩 주제홍보관이 있으며 홍보관 뒤 화장실 입구에 할아버지 한 분이 톱을 썰고 있습니다. 칼 가는 사람도 귀한 요즘 누가 톱을 사용하겠습니까만 할아버지는 40년 동안 강구안을 중심으로 자리를 옮겨 다니며 톱을 썰며, 가위 따위도 갈아 줍니다.

4남매를 남기고 일찍 떠나간 부모를 대신해 맏이였던 강갑중 할아버지(76세)는 동생들을 어떻게 먹여 살릴까 밤잠을 설치며 3년간을 이리저리 고민하다가 문득 눈에 들어온 톱 만드는 일에 일생이 결정되었는데, 경남 고성 하이면 와룡이 고향인 할아버지는 톱작업대 하나 짊어지고 6~7년을 사량도, 한산도 등 섬으로 다니다가 통영에 뿌리를 내렸습니다.

처음에 제일은행 쪽에 판을 펼쳤다가 은행 공사 관계로 문화마당으로 옮겼는데 시장이 가깝다 보니 지역민과 여행객들로 유동인구가 많고, 여름엔 시원하고 겨울엔 햇살이 따뜻하며 배들이 강구안에 대다 보니 장사가 비교적 잘 되어 단골도 있다고 합니다.

톱 만드는 일을 시작할 때 만들었다는 톱작업대 겸 연장통은 세월의 때가 반질거리며 손등은 겨울 바닷바람처럼 거칠지만 톱날을 살피는 눈빛엔 애정이 가득합니다.

흔치 않은 톱 갈이 현장이다 보니 지나가던 젊은이와 여행객들이 말을 걸기도 하고 신기한 듯 잠시 바라보다 가던 길을 갑니다.

톱은 하루에 한 자루도 팔고 이틀에 한 자루를 팔기도 하며 어떤 날은 공을 치기도 하지만, 집에 있으면 무료하기에 소일 삼아 톱을 만들고 가위를 갈며, 친구도 만날 수 있기에 톱 갈이 일이 즐겁다고 합니다.

할아버지는 토성고개 너머에서 손수레에 작업도구와 톱을 싣고 눈이 오나 바람이 부나 문화마당 한쪽에 판을 펍니다. 딱히 정해진 시간은 없지만 보통 오전 10시쯤 편 판은 저물녘이면 걷어 토성고개를 넘어갑니다.

톱을 한 자루씩 만들면 생산성이 낮아 부산에서 일 년치 쇠를 사다 큰톱, 중간톱, 작은톱 크기별로 재단하고 자루도 한 번에 다 만들어 놓고, 톱을 팔기 위한 마지막 작업, 톱 써는(날을 세우는 일) 일은 강구안에 앉아 시나브로 하신답니다.

톱을 찾는 사람에겐 톱을 팔고, 가위를 갈아 달라고 하는 사람에게는 가위를 갈아주고, 사진을 찍자는 사람에겐 포즈도 취해주고 살아온 이야기도 해주며 하루해를 보내는데 톱 파는 할아버지가 방송에 나온 건 단지 톱을 썰며 팔기만이 아닌 시를 쓰기 때문입니다.

할아버지 작업장 옆에는 노래가 된 시와 노래가 되기를 기다리는 시가 붙어 있는데, 겨우 초등학교만 나온 할아버지는 가고 오는 배를 보며 짠해지는 마음을 글로 옮깁니다. 글은 술술 나오기도 하지만 따라서는 며칠씩 고치기도 한답니다.

작업대 옆의 윤용우 작곡의 '통영의 여인'과 '기다림', '톱장수 40년' 입니다.

통영의 여인 / 강갑중

갈매기 배고파 먹이 찾아 날고 있네
똑딱선 오고 가는 통영항 연안부두

그리운 님 가신 배는 왜 안 오시나요
고기 잡아 만선되면 오시렵니까
깊은 밤 잠 못이루니 별을 보고 한숨 쉬고
달을 보고 손을 빌어 기다리다 지쳐가는
통영의 여인이라오

할아버지는 30~40편의 시를 지었는데 '통영의 여인' 처럼 누군가 곡을 만들어 주면 좋겠다고 하며, 안주머니에서 '한 송이 꿈' 등을 꺼내 보였습니다. 직장이 없으면 무능하게 보인다는 할아버지는 변변한 점포도 없이 눈길 닿는 곳에 점포를 펼쳐 오늘도 톱을 갈며 노래가 되고 싶은 시를 쓰는데, 작곡하는 분을 만나 시가 날개를 달 수 있기를 기원합니다.

— 실비단안개(고향의봄http://blog.daum.net/mylovemay/15533703) 씀
경남도민일보(2011년 1월 11일 화요일)

시詩 노래가 되다

— 강구안 톱집 강갑중 할아버지, 그 뒷이야기

편집자 주 | 본지는 지난해 4월 제78호 "투데이 인물"을 통해 통영시 강구안에서 톱을 만들어 파는 강갑중 옹에 대해 소개한 바 있다. 그후 10여 년이 지난 2월의 어느 날 강갑중 옹에 대한 희소식이 날아들었다. 그 소식을 듣기 위해 지난 22일 강갑중 옹을 만나보았다.

지난해 4월, 할아버지는 자신의 시로 노래를 만들고 싶다는 소망을 이야기했다. 본지에 강 옹의 이야기가 소개된 후, 독자 중 할아버지를 돕고 싶다는 이는 있었으나 성사되지 못했다.

하지만 꿈을 잃지 않았던 강갑중 할아버지에게도 꿈은 반드시 이루어진다는 말이 현실이 되는 순간이 찾아왔다.

따뜻한 사람들의 마음이 노래를 탄생시키다

할아버지의 시에 노래를 달아준 사람은 통영을 여행하던 어느 여행객이었다. 통영을 여행하던 중 할아버지를 알게 되고 할아버지의 사연을 들은 여행객은 '실비단안개' 라는 이름으로 자신의 블로그와 신문 경남도민일보에 글을 싣는다.

할아버지의 시에 날개를 달아달라며 주변 이웃들의 도움을 구했던 그의 마음이 통해 작곡가 고승하 씨와 그 외 지인들의 도움으로 할아버지의 시는 노래가 될 수 있었다.

노래가 된 시는 떠난 임을 그리워하며 기다리는 마음이 고스란히 담겼던 '기다림', 사랑을 노래한 '한송이 꽃이 되어', 통영의 특산품인 굴을 까는 아가씨를 주인공으로 한 '굴 까는 통영 아가씨' 로 세 곡이 탄생했다.

작곡을 맡은 고승하 작곡가는 "외길 인생을 살아오며 시를 지어온 할아버지의 재주가 내 작은 도움으로 더욱 빛날 수 있는 기회가 되어 기쁘다. 이를 통해 할아버지가 살맛이 난다면 나 역시 기쁜 일이 아닐 수 없다."며 소감을 밝혔다.

지난 1월 중순께 하아버지의 시가 노래가 될 수 있도록 많은 도움을 준 사람들이 할아버지를 찾아 큰 선물을 했다.

바로 할아버지에게 만들어진 노래를 직접 불러준 것이다. 할아버지의 꿈이 이루어진 순간, 할아버지는 악보를 손에서 놓지 못했다는 후문이다.

할아버지께 그때 당시의 소감을 물으니 "기뻐서 뭐라 말을 해야 할지 생각이 안 났다. 아무것도 모르는 나에게 이렇게 좋은 일을 해 주셔서 정말 감사하다."며 고마운 마음을 전한다.

강갑중 할아버지, 겹경사 났네

강갑중 할아버지에게 또 하나의 즐거운 일이 생겼다. 지난 1월 서울MBC '살맛 나는 세상'에서 할아버지의 사연을 촬영해 간 것과 할아버지의 노래가 음반으로 세상의 빛을 보게 된 것이다.

또 고승하 작곡가는 "할아버지와의 인연이 여기서 끝이 아니라면 날씨가 조금 더 풀리게 될 때 통영 사람들에게 할아버지의 노래를 들려줄 수 있는 작은 음악회를 열어 할아버지에게 박수를 보내는 일을 할 수 있으리라 생각한다. 하지만 이 모든 것은 주변의 많은 분들의 관심과 도움이 있어야 하는 일이며 인연이 닿아야 하는 일이기도 하다."며 또다른 희망을 전했다.

따뜻한 정이 넘치는 사람들의 노력과 도움으로 강구안 톱집에 날아든 희망의 노래, 그 노래가 통영의 또 하나의 명물로 자리잡길 기대해 본다.

— 한려투데이(2011년 2월 25일 금요일)

한겨레 매거진

톱날 가는 통영 노인

폭풍주의보가 내렸다. 통영 바다의 뱃길은 끊겼다. 나그네는 섬으로 가려던 발길을 돌려 중앙 활어시장으로 향한다. 시장 바로 위는 벽화마을 동피랑이다. 팔팔 뛰는 활어와 조개들로 통영의 봄은 식도락 천국이다. 통영의 해산물은 어느 항구보다 싱싱하고 풍성하지만 값은 무척 싸다. 요즈음은 도다리와 굴과 멍게, 우럭, 조개가 제철이다. 일반 멍게는 삼사월이 제철이고 돌멍게는 칠팔월이 제철이다. 감성돔은 겨울이, 참돔은 여름이 제출이다. 과일이 그렇듯 해산물도 제철이라야 맛이 깊고 달다. 여름 방어는 개도 안 먹이지만 겨울 방어는 참치보다 맛난 것도 그 때문이다.

활어 골목을 나서면 관람용 거북선이 있는 강구안이다. 거기 문득 나그네의 발길을 붙드는 풍경이 있다. 한산대첩 홍보관 옆에서 노인은 톱을 간다. 40년을 이 강구안에서만 톱을 갈았다. 노인은 집에서 손수 만들어 온 톱을 팔고, 날이 무딘 톱날을 갈아준다. 톱은 관광객들에게도 팔리지만 대부분 이 지방 사람들이 사간다. 노인은 해마다 4월부터 7월까지 톱을 만든다. 이때는 해가 길고 톱을 사러 오는 손님도 적기 때문에 판매보다는 톱을 만드는 데 주력한다. 톱은 주로 가을이나 겨울에 많이 팔린다. 수분이 빠져 나무 베기에 적당한 계절인 까닭이다. 노인은 꽃샘추위가 기승을 부리는데도 장갑도 끼지 않은 채 톱날을 간다. 한겨울에도 맨손이다. 장갑을 끼면 미끄러워 톱을 갈기가 불편하다. 그래서 맨손으로 톱을 갈기 시작한 것이 습관으로 굳어져 이제는 시린 줄도 모른다. 노인은 '조실부모' 한 뒤 혼자서 어린 동생들 4형제를 돌봐야 했다. 평생 먹고살 직업을 찾다가 시장통에서 톱 만드는 기술을 배웠다. 그 당시에는 톱이 생필품이라 날개 돋친 듯이 팔렸다. 처음 6~7년은 톱을 만들어서 등에 지고 촌으로 팔러 다녔다. 그러나 어느 정도 기술에 대한 자신감이 생기자 이 자리에 붙박이로 눌러앉았다.

한 가지 기술만 50년 가까이 연마했으니, "시방은 선생이 다 됐다." 톱이라고 다 같은 톱이 아니다. 용도에 따라 톱날이나 톱의 모양이 각기 다르다. 나무를 자르는 톱이 기본이지만 배 만드는 톱이나 자개농 장식장 만드는 공예용 톱 등은 특수제작된다. 나무를 켜는 톱도 따로 있다. 통영에서 목공예를 하는 인간문화재들도 노인에게 톱을 부탁한다. 노인은 톱 만들고 톱날 갈아서 동생들, 자식들 공부시키고 결혼까지 시켰다. 톱이 노인의 인생을 완성했다. 톱을 잘 만들고 잘 가는 것은 기술보다 마음의 평정이다. 노인은 깨지기 쉬운 유리처럼 쇠를 다룬다. 자칫 잘못하면 쇠가 부러지거나 몸을 다칠 수 있기 때문이다.

"쇠도 마음속에서 다스려야 잘 다루어집니다. 손이 아니라 마음으로 다스려야 합니다." 50여 년 쇠를 다루고 톱을 만들면서 얻은 노인의 깨달음이다.

— 한겨레 매거진(2011년 3월 10일 목요일)

조선일보

통영 중앙시장 '톱 할아버지'

전통시장인 중앙시장 공중화장실 입구에서 톱을 만드는 노인이 발길을 잡았다. 직접 작사한 '굴 까는 통영 아가씨' 라는 노래를 크게 틀어 놓았다. 이 자리를 40년간 지켜온 '톱 할아버지' 는 하회탈처럼 웃는 상 얼굴이다. 마침 경기도 포천에서 수제 톱을 사려고 온 남자는 손끝으로 톱을 만져 보곤 "역시 야물다. 최고야" 하며 흡족한 표정으로 사갔다.

톱 할아버지는 "남이 알면 우습겠지만, 톱날을 세우면 슬픔이 밀려온다"고 말했다.

그래서 "애끓는 마음이 절절할 때 노래로 마음을 달랜다"고 했다.

— 조선일보(2011년 4월 29일 금요일)

오마이뉴스

칼갈이 인생 76년에 노래 세 곡만 남았네요

— 시를 쓰고 노래를 만드는, 통영 부둣가 칼갈이 할아버지

임 떠난 부두에 홀로 남아

기다리다 지쳐 쓰러져

넋이라도 한 포기 이름 없는 잡초가 되어

따뜻하고 양지바른 이곳에서

십 년이라도 백 년이라도 그리운 님

돌아오시기를 기다리노라.

— 강갑중 노인이 만든 노래 〈기다림〉 가사 1절

갈매기 끼룩거리고 뱃고동 소리가 부웅~, 가끔씩 드나드는 어선과 연안 여객선들이 미끄러지듯 오고 가는 한적한 포구, 초여름의 햇살이 따가워서인지 부둣가에는 오고 가는 사람들도 별로 보이지 않는다. 이곳이 바로 '한국의 나폴리' 라는 이름을 얻은 미항, 경남 통영항이다.

그 부둣가에 나이 들어 보이는 중년 남자 한 사람이 한낮의 따가운 햇볕도 아랑곳하지 않고 하염없이 바다를 바라보고 앉아 있다. 저 남자 어쩌면 오래전에 떠난 옛사랑이라도 기다리고 있는 것일까? 그런데 부둣가 한 귀퉁이에 있는 공중화장실 옆에서 구성진 뽕짝 노랫가락이 쓱싹~ 쓱싹~ 칼 가는 소리에 섞여 갈매기 소리, 뱃고동 소리와 어우러진다.

"제가 맡긴 칼, 잘 갈아놓으셨는교?"

"하모, 자 여기, 잘 갈아놓았지요."

길 건너 음식점 아주머니가 조금 전에 맡기고 간 칼을 찾아간다. 이날의 첫 번째 손님이라고 한다. 톱을 갈고 있는 작업대도 쭈글쭈글한 노인의 얼굴처럼 오랜 세월의 흔적이 덕지덕지 묻어 있다.

"이 할배는, 이곳에서 수십 년째 칼도 갈고 톱도 씰며(갈며) 살아오신 기라."

구성진 노랫가락이며 칼 가는 솜씨가 남달라 보여 옆에서 지켜보노라니 50대로 보이는 남자가 노인을 소개한다. 자신은 부두 왼편 마을에서 목공소를 하는 사람이라고 한다.

"그기, 군대에 갔다 온 그해부터 시작했으니 올해로 51년째인 기라."

노인에게 올해로 정확하게 몇 년째냐고 물으니 51년째라고 한다. 처음에는 인근 섬까지 돌아다니며 일을 하다가 3년 만에 이곳에 자리를 잡았다고 한다. 올해 76세인 강갑중 노인은 통영시 태평동에 살고 있다고 주소까지 밝힌다.

"지금 나오는 이 노래 이거 이 할배가 지은 노래 아닌교."

목공소를 한다는 중년 남자가 불쑥 던진 말이다. 녹음기에서 흘러나오는 구성진 노래를 이 노인이 지은 거란다. 선뜻 이해가 안 돼 무슨 말이냐고 물으니 노인이 악보 몇 개를 꺼내 담벼락에 펼쳐 놓는다.

'기다림'

'굴 까는 통영 아가씨'

'한 송이 꽃이라도'

자작곡 세 곡의 악보였다. 세 곡 중에서 어떤 노래가 제일 마음에 드냐고 물으니 〈기다림〉이란다. 어려운 가정형편으로 초등학교를 겨우 나와 한글을 깨우친 정도인 노인이었지만, 풍광이 아름다운 강구안 포구에서 일하노라면 시심이 저절로 우러나왔단다. 그렇게 쓴 시가 40여 편, 그중에서 세 편의 시를 노래로 만든 것이란다.

"왜 다른 꿈이 없었겠는교? 젊은 시절엔 언젠가 큰일을 한번 해보리라 꿈을 가졌었지만 어찌하다 보니 칼갈이가 천직이 되었지요. 인생 76년에 51년 동안 칼과 톱을 갈며 살아왔는데 남은 건 노래 세 곡뿐이네요. 허허허."

그래도 후회는 하지 않는다고 한다. 인생살이 크게 꿈꾸고 살아왔던들 뭐 별것 있었겠느냐는 것이다. 다만 아들 딸 5남매를 두었는데 그들 중 아들 둘을 일찍 잃어 가슴에 묻고 사는 것이 한이라면 한이라고 한다.

통영 인근인 고성군 하이면 가난한 농가에서 맏이로 출생한 노인은 부모를 일찍 여의고 가난한 가장으로 고달픈 삶을 시작했다고 한다. 배운 것도 없고 땅도 없어 마땅한 일거리를 찾다가 시작한 일이 톱을 만들어 파는 일이었고, 칼을 갈아주고 톱을 씰어(갈아)주는 일로 가게를 꾸리게 되었다.

그렇게 살아온 세월이 어언 51년, 강갑중 노인은 나이가 76세지만 매우 건강한 모습이었다. 올해 69세인 부인도 일하러 다닌다며 "먹고살려면 나이 많아도 함께 일해야지 별수 없지 않느냐" 며 싱겁게 웃는 모습이 소탈하고 정겹다.

'어떤 사람은 칼 한 자루 갈아가면서 값을 깎아달라는 사람도 있지만, 이곳 통영 사람들뿐만 아니라 멀리 거제도와 한산도에서도 잊지 않고 찾아오는 손님들이 또 오겠다고 약속하고 갈 때는 마음이 찡하다' 고 털어놓는다. 그동안 낯을 익히고 정을 쌓아 온 단골손님들이 제법 많다는 말이다.

갈매기 배고파 먹이 찾아 날고 있네
똑딱선 오고 가는 통영항 연안부두
그리운 님 가신 배는 왜 안 오시나요
고기 잡아 만선되면 오시렵니까
깊은 밤 잠 못 이루니 별을 보고 한숨 쉬고
달을 보고 손을 빌어 기다리다 지쳐가는
통영의 여인이라오

이 시는 어떠냐며 보여준 〈통영의 여인〉이라는 시다. 녹음기에서는 마침 〈굴 까는 통영 아가씨〉가 구성지게 울려 퍼지고 있었다. 지난주 수요일(6월 8일) 남해안 여행 중에 통영 부둣가에서 만난, 칼과 톱을 갈며 살아가는 강갑중 노인의 그윽한 눈빛이 고깃배 깃발 너머 머언 바다를 바라보고 있었다.

— 이승철(오마이뉴스, 2011년 6월 15일)

블로그

톱도 시詩도 갈아야 제맛!

통영 강구안 포구만큼 다채로운 곳도 없다. 도심 속 포구답게 관광버스가 줄을 잇고, 활어 시장은 언제나 문전성시를 이룬다. 한려수도의 아름다운 섬을 드나드는 배로 포구의 물결은 잦을 때 없다. 조금만 가까이 다가가면 갓 잡아 올린 물메기와 아귀의 팔딱거림을 눈앞에서 볼 수 있다. 포구에서 5분 정도 언덕을 오르면 동피랑 마을이 나온다. 골목 곳곳에 아기자기한 그림이 그려져 동화책을 펼친 듯하다. 양팔을 크게 벌리기에도 좁은 그 길을 끝까지 오른다. 초고층 빌딩 아래에선 높기만 했던 하늘이, 여기선 제법 낮다. 한눈에 들어찬 포구에 절로 숨이 깊어진다. 내 안으로 통영의 바다가 들어온다.

통영의 옛 이름은 '진남', 강구안 포구 역시 진남 포구라고 불렸던 곳이다. 포구는 입구가 좁은 항아리처럼 외부에선 그 안을 잘 볼 수가 없다. 남쪽의 망을 보는 산이라 이름 붙인 남망산이 입구를 막으며 방패와 방파제 역할을 해내었다. 군사 요충지였던 만큼 포구에는 이순신 장군의 활약을 기리는 거북선이 정박해 있다. 포구에 앉아 드나드는 배와 사람들의 발걸음만 보아도 충분한 휴식이 된다. 가만히 귀를 기울이면, 어디선가 톱 가는 소리가 들려올 때도 있다. 포구의 모퉁이에서 50년 동안 톱을 만들어 온 강갑중 할아버지는 시인으로 더 유명하다. 그가 지은 시의 대부분은 노래로 만들어졌다. '한 송이 꽃이라도', '기다림', '굴 까는 통영아가씨' 그의 솜씨를 보고 있으면 톱도, 시도 오랜 세월 갈고 닦아야 제맛이라는 것을 느낄 수 있다. 그의 주름이 펴지고 접힐 때마다 나도 모르게 고개가 절로 숙여졌다. 그의 존재만으로도 강구안 포구는 어디서도 느낄 수 없는 향기를 가지게 되었다.

굴 까는 통영 아가씨(작사 강갑중/ 작곡 고승하)

두 손을 불끈 쥐고 통영의 명물이라
굴 까는 아가씨 가는 세월 모르나요
예쁜 나이 스물두 살

— 글, 사진/오승은(채사모 4기)

톱 할아버지 시詩 날개 달고 방송 촬영하다

2011년 1월 9일 톱 할아버지 시詩에 날개를 달아 주세요를 포스팅 했습니다. 톱 할아버지를 1월 1일에 만나 시를 카메라에 담아 왔으며, 노래로 만들어지기를 원한다는 글이었는데 당시 김용택 선생님께서 우리 지역의 음악가 고승하 선생님을 소개해 주셨고, 1월 11일 고승하 선생님을 진해문화원 2층에서 만나 톱 할아버지의 시를 전해드렸습니다.

1월 11일 그날 마침 경남도민일보 종이신문에도 톱 할아버지 글이 실리기도 했습니다.

1월 17일 '굴 까는 통영 아가씨' 와 '한 송이 꽃이라도' 가 완성되어 메일로 왔으며, 방송국에서 할아버지 취재가 있을 것 같다는 소식도 고승하 선생님께서 전해 주었습니다.

고승하 선생님이 익지 않은 분이 더 많을 텐데요. 제가 가끔 올리는 안치환의 노래 '편지' 가 윤동주 시 고승하 선생님 작곡입니다.

편지 / 윤동주 시, 고승하 곡

그립다고 써 보니 차라리 말을 말자/ 그냥 긴 세월이 지났노라고만 쓰자/ 긴긴 사연을 줄줄이 이어/ 진정 못 잊는다는 말을 말고/ 어쩌다 생각이 났었노라고만 쓰자/ 그립다고 써보니 차라리 말을 말자/ 그냥 긴 세월이 지났노라고만 쓰자/ 긴긴 잠 못 이루는 밤이면/ 행여 울었다는 말을 말고/ 가다가 그리울 때도 있었노라고만 쓰자

1월 22일 문자를 받았습니다.

오후 2시 마산 북카페 시와 자작나무에서 통영으로 출발한다는.

같은 창원시지만 2시간은 걸리는 거리기에 늦을까봐 오전 11시 버스로 마산으로 출발했더니 오후 1시 조금 넘어 시와 자작나무에 닿더군요. 유자차를 마시며 선생님을 기다리니 몇 사람이 모여 톱

할아버지 이야기를 하고 있었습니다. 다가가 통영에 가시느냐고 하니 그렇다면서 도시탐방팀 회원인 영주 씨가 지역가수 김산, 짚불공예가 겸 가수 하제운 님을 소개해 주었으며, 창동수다의 김경년 님과도 인사를 나누었습니다.

고승하 선생님께서 오셔서 북카페에서 피아노 반주로 노래 두 곡을 불렀으며 통영행 차에서 반주 전문인 이선홍 님과 인사를 했습니다.

통영 동행인은 고승하 선생님, 가수 김산, 가수 하제운, 음악가 이선홍, 창동수다의 김경년, 실비단안개입니다.

오후 2시경 우리는 출발했으며 운전은 고승하 선생님께서 했습니다. 선생님께 받은 악보를 보며 차가 출발함과 동시에 노래 연습을 했는데 톱 할아버지에게 불러 드리기 위해서입니다. 가슴이 뭉클했습니다.

나는 내 일인 블로깅을 위해 톱 할아버지와 이야기를 나누었고 그 결과를 포스팅했는데 이렇게 많은 분들이 노래로 만들어 함께 불러 줍니다.

오후 3시경에 통영에 닿았지만 중앙시장 앞쪽이 주차장을 방불케 하여 선생님은 우리를 내려주고 주차를 했으며, 할아버지께 인사를 드리고 홍보관 앞에서 방송국 촬영팀을 만났습니다.

방송 프로그램은 서울 MBC의 '살맛 나는 세상' 으로 월요일부터 금요일, 오후 6시 15분부터라고 하는데 톱 할아버지 내용은 설날이 지나야 방송이 될 것 같다고 하며 방송 날짜가 잡히면 연락을 준다고 합니다. 촬영팀은 외주업체 CPR media입니다.

20여 일 만에 뵙는 할아버지의 모습은 그대로입니다.

할아버지와 인사를 나누고 선생님은 악보를 할아버지께 드렸으며, 할아버지 내용이 실린 1월 11일자 경남도민일보, 할아버지 사진, 김달진 문학관에서 드리는 '시애' 를 할아버지께 드렸습니다. 할아버지는 기뻐하시며 악보를 손에서 놓을 줄 몰랐습니다. 촬영은 준비나 연습 없이 우리의 행동 그대로를 담았는데 편집을 하겠지요.

할아버지는 악보를 내내 보셨지만 그래도 헷갈려 하셨고 이에 고승하 선생님께서 설명을 해 주었습니다. 처음 듣는 노래니 낯설겠지만 음반을 매일 듣다보면 익어지겠지요.

아직 정식 음반이 나오지 않고 반주 음반만 있지만 여러 선생님들께서 노래를 불러 음반을 만들 예정입니다. 방송국에서도 음반을 원했고요. 음반이 준비되면 할아버지께 작업장에서 매일 들어야 한다고 말씀드렸습니다. 그래야 강구안을 오가는 사람들과 갈매기들이 할아버지 노래를 익힐테니까요.

기타반주에 맞춰 노래를 부르니 오가는 이들이 악보를 달라고 하여 함께 불렀습니다. 아주 긴 시간은 아니었지만 할아버지의 노래로 통영 문화마당이 기뻐 흥분했습니다. 김용택 선생님과 수고해 주신 여러 선생님들께 감사드리며 할아버지의 건강과 건필을 기원합니다.

— 실비단안개(2011년 1월 23일)

톱 할아버지 음반 전달과 각 지역 방송 일정

통영 톱 할아버지께 음반을 전달한 날은 2월 12일 토요일이었습니다. 바로 포스팅을 해야 했는데 14일 눈길에 미끄러지는 바람에 이제야 포스팅을 하는데, 이것도 MBC의 방송 일정 안내를 받았기에 겨우겨우 씁니다.

그리고 톱 할아버지의 주문으로 다시 음반을 제작하여 2월 26일에 고승하 선생님께서 음반 전달을 위해 통영에 가셨는데 제가 혼자 움직이기에 불편하여 동행을 못 했는데 그 소식은 저도 궁금합니다.

2월 12일 토요일, 마산의 북카페 시와 자작나무에서 고승하 선생님을 만나기로 했습니다. 그날은 오전에 많이 추웠기에 마산으로 가는 길이 더 멀게 느껴지기도 했습니다.

시와 자작나무에서 전에 통영에 동행한 창동수다의 김경년 씨를 만났으며, 유치원 원장님인 반달님, 전직 간호사, 숲 가꾸기 회원, 비누공예가, 경남대학교 환경공학과 양운진 교수님, 고승하 선생님, 실비단안개가 통영행에 동행했습니다.

통영으로 가는 길에 할아버지의 음반을 들었습니다.

〈굴 까는 통영 아가씨〉는 김진영, 〈기다림〉 역시 김진영이 불렀으며, 〈한 송이 꽃이라도〉는 1월 22일에 동행한 김산이 불렀습니다.

할아버지 음반이 나왔지만 할아버지는 CD플레이어가 없기에 고승하 선생님께서 이웃에서 중국 CD플레이어를 구했는데 이게 제대로 작동이 되지 않아 GS서비스센터에서 사정 이야기를 듣고 쓸 만한 CD플레이어를 주었습니다.

음반이 있지만 CD플레이어가 없다면 강구안에서 듣지 못하니 할아버지께서 마음이 상하실텐데 비록 중고지만 CD플레이어를 마련할 수 있어 다행이며 고마운 일이지요.

동행한 일행과 할아버지가 음반을 들으며 노래를 부르자 지나가던 시민들도 걸음을 멈춰 함께했습니다. 처음 공개하는 기다림입니다.

기다림 / 강갑중 시, 고승하 작곡, 김진영 노래

임 떠난 부두에 홀로 남아 기다리다 지쳐 쓰러져
넋이라도 한 포기 이름 없는 잡초가 되어
따뜻하고 양지바른 이곳에서 십 년이 가고 백 년이 가도
그리운 님 돌아오시기를 기다리노라

참, 톱 할아버지 시詩 날개 달고 방송 촬영하다가 경남도민일보 종이신문(톱 할아버지 시에 날개 달고 방송 촬영하다)에 실렸기에 할아버지께 신문을 보여드리기도 했습니다.

할아버지께서는 이제 책을 한 권 내고 싶어 하시며, 고승하 선생님께서는 할아버지를 위해 작은 음악회를 계획 중입니다. 그리고 지역 신문의 한려투데이에 우리들의 이야기가 소개되기도 했습니다.

–시詩 노래가 되다

음반을 들으며 할아버지는 톱날을 세웁니다.

그리곤 줄 게 톱뿐이라며 고승하 선생님과 제게 톱 한 자루씩을 주더군요.

어제(3월 1일) 톱 할아버지를 취재한 CPR media에서 방송 일정

이 정해졌다며 연락이 왔습니다. 지역마다 방송 날짜가 다르기에 방송 날짜를 메일로 받았는데 여러분들의 지역에 따라 방송 날짜가 다르니 참고하여 많이 시청해 주시기 바랍니다.

그리고 통영을 방문하여 톱 할아버지도 만나 보세요.

MBC 살맛 나는 세상

· 전주 mbc 3월 5일 오후 5시 15분
· 안동 mbc 3월 12일 오전 11시
· 대전 mbc 3월 14일 오후 11시 5분
· 원주 mbc 3월 14일 오후 6시 50분
· OBS(서울, 경기) 3월 19일 오전 10시 55분
· 광주 mbc 3월 25일 오전 8시 30분
· 대구 mbc 3월 28일 오전 8시 30분
· 여수 mbc 3월 30일 오후 12시 25분

나머지 지역은 아직 편성표가 나오지 않아 일단 배정된 곳만 보낸다고 했는데 위 지역 외 다른 지역에서도 방송이 될 모양입니다. 편성표를 보니 3월은 톱 할아버지의 달입니다.

— 실비단안개(2011년 3월 2일)

문학지

문화마당과 톱쟁이 할아버지

문화마당의 본디 이름은 병선마당이다. 조선시대는 선소 또는 병선마당이라 불렀고, 8전선이 정박하던 강구(항구) 입구에는 일본 왜장으로부터 항복을 받는 의식을 했던 수항루가 있었다. 바다에서 통영으로 들어오는 관문인 셈이다. 요즘은 8전선 대신 한강에서 온 거북선이 늠름하게 항구를 지킨다.

윤선머리라 하여 여객선 터미널과 유람선 터미널이 있어 통영관광의 메카 역할을 했는가 하면 온갖 물건들이 이 항구를 통해 들어왔다. 재미 작가 김용익 선생이 쓴 〈밤배〉의 주인공도 이 항구를 통해 통영으로 돌아왔다. 박경리 선생의 소설(영화) 〈김약국의 딸들〉의 주 무대이기도 했고, 2008년 5월 9일 박경리 선생의 운구가 영결했던 마지막 마당이기도 하다.

주말이면 이런저런 단체와 끼 있는 사람들이 나와 관광객과 시민들에게 음악을 선사하기도 하고 한산대첩축제를 비롯하여 각종 문화행사가 열리는 통영의 허파 역할을 하는 중요한 곳이다.

그래서 나는 이 문화마당을 자주 찾는다. 거기에 가면 생활의 활력을 얻기도 하고, 뜨끈뜨끈한 정보와 함께 행복을 느낀다. 행사가 열리는 날은 물론이거니와 평소에도 이런저런 분들이 수시로 나와 갖가지 물건과 먹을거리를 팔기도 한다. 어떤 때는 올데갈데없는 노숙자들의 보금자리가 되는가 하면 만남의 장소이기도 하다.

그런데 언제부턴가 노인 한 분이 파라솔을 펴고 손때 묻은 수틀 하나 달랑 놓고 톱과 칼을 간다. 톱날을 가는 모습이 하도 진지하여 하루는 할아버지 앞에 앉았다. 얼굴을 보아 칠순이 훨씬 넘은 것 같아 보이지만 구릿빛 얼굴에 잔잔한 미소가 흐른다. 장인정신이 몸에 배었다. 요즘 누가 톱과 칼을 갈아 쓰는 사람이 있는가 싶었는데 그래도 단골이 한두 명이 아니라니 천만다행이다.

전원생활을 하다보면 톱은 필수품이다. 그런데 철물점에서 사다 쓰는 접이용 톱은 몇 번만 쓰고 나면 톱날이 무디어지거나 녹슬어 쓸 수가 없다. 얄팍한 상술에 늘 마음 상하지만 별 도리 없이 울며 겨자먹기로 다시 살 수밖에 없다.

톱이 무디어지면 갈아주는 것을 조건으로 나는 아주 쓰기 편리한 톱 한 자루를 이만 원에 샀다. 값을 치르고 "할아버지, 요즘 누가 톱과 칼을 갈아 쓰는 사람이 있습니까?"라는 질문에 "40년간 톱을 만들고 칼을 갈았제. 이제 아이들 다 키워놓고 뭘 하겠어. 정년퇴직이 없어 좋고 여기 나오면 많은 사람을 만날 수 있어 좋아. 밤에는 톱을 만들기 위해 본을 뜨고 낮이면 이렇게 문화마당에 나와 톱날을 만들고 갈고 닦아서 이렇게 사이즈별로 톱을 완성하제."라며 거침없이 얘기를 이어 나가는 영감님의 얼굴이 너무도 진지하다.

오늘도 할아버지께서 칼을 간다. 시퍼렇게 날을 세워 이리저리 돌려 보는가 하면 몇 번이고 뒤집어 칼을 간다. 저 칼로 맛있는 요리를 할 주부는 참 행복할 것이다. 쇠를 다루는데 한정 없이 무딘 나는 아내에게 칼 한 번 갈아주지 못했는데 이번 기회에 집안의 칼을 몽땅 챙겨 이 영감님께 갖다 드려야겠다.

통영의 영욕을 몸으로 부대끼며 한평생 외길을 걸어온 장한 할아버지. 구도자의 모습이 저러하리라. 자기 직업에 저렇게 만족하며 40여 년간 장인정신으로 살아가는 사람들이 몇 분이나 될까? 하루 일과를 마치고 나면 영감님은 주변을 깨끗이 청소하기도 하고 관광객에게 통영을 홍보하기도 한다.

몇 번 면이 있는 터라 오늘은 "어디 사는 누구냐"고 묻기에 시청에 근무하는 아무개라고 했더니 호주머니에서 꼬깃꼬깃 접은 메모지를 내놓으신다. 평소 일하면서 지은 노래 가사라며 작곡을 해 달란다. 연세에 비해 그래도 나름대로 통영을 잘 표현한 것 같다. 작곡을 하는 분에게 맡겨보겠다며 메모지를 받아들었다. 뭐 히트곡까지 될 리 없겠지만 통영에서는 벅수도시 한 수 정도는 낭송한다는 말이 실감나는 기분 좋은 날이다. 그야말로 문화마당의 살아 있는 신화다. 절로 존경스럽다.

세병관과 이순신광장을 잇는 통제영거리가 완공되면 통영의 예맥을 이어가고 있는 나전장, 소목장, 두석장, 갓일, 염장, 전통연, 전통누비 등 인간문화재는 물론이거니와 중앙시장 앞의 50년 경력 충무공작소 이평갑 대장장이, 대나무통발을 만드는 일에 50년 외길 인생을 바친 김동진 장인, 문화마당 지킴이 강갑중 톱쟁이 할아버지가 활동할 수 있는 작업장 한 칸 마련해 주는 것도 전통 문화를 살리고 보존하는 지름길이리라.

—《통영문학》 2009년 제28호

통영항 톱 할아버지 강갑중 씨

— 51년 기다리는 마음으로 늘 그 자리에

옹기종기 모인 배가 정겹다. 멀리 보이는 수평선 그리고 한쪽에 걸친 섬은 마치 그 자리에 있어야 할 것처럼 살가운 풍경을 자아낸다. 오히려 관광객 눈길을 끌고자 정박해 놓은 거북선이 눈 맛을 거스르지 않을까. 광장을 오가는 사람들 걸음이 어쩐지 여유롭다.

통영항 한쪽 구석에 있는 화장실 주변에 어르신들이 삼삼오오 모여 일상을 털어놓는다. 특별할 것도 없는 사람 얘기, 먹는 얘기, 사는 얘기에 실컷 웃으며 말이 말을 거든다. 겨울 바닷바람을 잠시 억누르는 포근한 햇살이 가득한 화장실 앞은 곧 어르신들 사랑방이 됐다.

먹고살려고 배운 톱 갈이, 평생 업 돼

“영감! 이거 200만 원짜리 두고 간다. 잘 지켜라.”

장난기 어린 거드름이 가득 담긴 목소리다. 할아버지 한 명이 옆에 앉은 할아버지에게 명령하듯 말하고 자리를 뜬다. 그 자리에는 조금 전까지 할아버지를 태웠던 전동 휠체어만 덩그러니 남아 있다. 부탁을 받은 할아버지는 미소를 머금은 채 손짓으로 배웅한다. 그리고 지긋이 바다로 향한 눈길. 그 앞에는 투박하지만 단단하게 만들어진 작은 탁자가 있고 그 탁자 앞에 날이 선 톱이 펼쳐져 있다. 통영항 톱 가는 할아버지 강갑중(76) 씨, 51년째 같은 자리에서 바다와 항구, 사람들을 벗 삼아 일상을 보내고 있다. 그리고 그런 일상을 소박한 언어로 종이에 옮기고 있다. 할아버지는 그렇게 쓴 시를 자리 옆에 있는 벽에 걸어놓았다. 톱 가는 할아버지는 시 쓰는 할아버지로도 유명하다.

“벌써 50년이 넘었네요. 아침 10시쯤 나와서 오후 5시쯤 되면 들어가요. 젊었을 때부터 이 일만 계속했네요.”

강갑중 할아버지 고향은 고성군 하이면이다. 일찍 부모를 여의고 가장 역할을 떠맡았던 할아버지는 군 제대 후 톱 가는 일을 시작했다.

“뭐 배운 것도 없고 해서 무슨 일을 할까 고민하다가 톱 가는 일이 쏠쏠하다는 얘기를 들었어요. 삼천포 쪽에 톱 가는 분이 있다고 해서 기술 좀 가르쳐달라고 쫓아다녔는데 잘 가르쳐주지 않더라고요. 그래도 억지로 배워서 돌아다니면서 톱과 칼을 갈았지요."

섬을 오가며, 배를 오르내리며 한 2~3년 정도 돌아다니자 주변에서 찾는 사람도 생겼다. 그제야 통영항 한쪽에 자리를 정해 본격적으로 톱을 갈았다. 날씨가 아주 좋지 않은 날만 아니라면 강갑중 할아버지는 늘 통영항 한쪽 구석을 지켰다.

사람과 풍경 아우른 소박한 글

"그냥 떠오르는 대로 한 구절씩 써봤어요."

강갑중 할아버지가 앉은 자리 오른편에 걸린 시를 가리키자 무심하게 한마디 던졌다. 통영항을 드나드는 배, 배를 타고 내리는 사람들, 이곳을 터전으로 삼은 이들, 한번 통영항에 들른 또 다른 사람들, 그 너머에 펼쳐진 바다. 일이 뜸할 때면 할아버지는 종이와 연필을 들었다. 따로 배운 적이 없었기에 형식이라는 게 없었다. 그저 눈앞에 펼쳐진 풍경을 받아들이면서 떠오르는 단어를 투박하게 옮겼다. 그렇게 쓴 글이 한 편 두 편 쌓이기 시작했다. 그리고 톱을 갈려고 펼친 자리에 정성스럽게 정돈한 글을 걸어놓았다. 그런 글을 지나가던 사람들도 예사롭게 보지 않았다.

"재밌는 게 보는 사람들 한마디씩 하는 게 전부 배우는 거예요. 제가 따로 글 쓰는 것을 배우지도 않았고, 그래도 보는 사람 중에 좋다는 사람도 있고, 이것은 이렇게 고쳐서 써보라는 사람도 있고…. 듣고 보면 또 그 말이 맞는 것 같아요. 그렇게 한 글자씩 바꿔보기도 하고…. 그런 재미가 있어요."

그렇게 모은 작품이 40여 편이다. 단순하게 셈하면 1~2년에 한 편씩 나온 작품이다. 쓴 것을 고치고 또 고치고 그러다 보니 남은 작품이라고 한다.

잠시 할아버지와 평온한 통영 바다 쪽으로 눈을 돌렸다. 50여 년 동안 바라본 바다. 주변은 바뀌었고 드나드는 사람이나 배가 늘거나 줄어들 때도 있었지만, 할아버지에게 바다는 늘 그대로 바다일 뿐이다.

"통영바다는 봄일 때가 제일 좋은 것 같아요. 겨우내 웅크렸던 자연과 사람이 봄이 되면서 활기를 띠어요. 뜸했던 어선들도 부쩍 힘을 내서 일을 나가고, 바라보이는 풍광도 생기가 도는 듯하고, 봄이 되면 빛깔이 확 바뀌는 게 느껴져요. 어느 계절 좋지 않을 때도 없겠지만 그래도 저는 봄이 좋네요."

느닷없이 마주친 고마운 인연

할아버지가 걸어놓은 시 중에는 곡이 붙어 있는 것도 있다. '기다림', '굴 까는 통영 아가씨', '한 송이 꽃이라도' 등 3개 작품이다.

작곡가 이름에는 고승하 경남민예총 지회장 이름도 들어 있다. 이름을 가리키자 할아버지 표정이 부쩍 밝아진다.

"지난해 어떤 아주머니가 와서 이것저것 싹싹하게 물어보더라고요. 뭐 사는 이야기도 했고 시 쓴 이야기도 하고 그랬지요. 그러면서 제가 누가 곡이나 붙여줬으면 좋겠다 했더니 그 아주머니가 연이 돼서 선생님이 오셨지요. 제가 노래라고 쓴 글도 그렇고 그냥 쓴 글에도 곡을 붙여 주시더라고요. 그리고 녹음도 해주시고, 한 번 와서 공연도 하시고…."

그 싹싹한 아주머니는 '실비단안개의 고향의 봄(blog.daum.net/mylovemay)'을 운영하는 블로거 실비단안개이다. 할아버지는 잠시 그때 생각을 돌이키느라 멈칫하기도 했지만 말 사이 허전함은 표정이 채우고도 남았다.

"50년 넘게 있다 보니 당연히 인연도 많아요. 가끔 먼 곳에서 톱을 갈러 오시는 분도 있고, 지나다니면서 안부 묻는 사람들도 있어요. 인터넷에서 봤다며 인사하는 사람도 있고…. 정말 반가운 손님들이지요. 늘 그런 인연을 기다리는 게 사는 즐거움인 것 같아요."

통영항 한쪽에서 늘 소중한 인연을 기다리는 마음. 지금까지 살아온 삶은 결국 기다림의 연속 같다는 할아버지에게는 같은 이름을 제목으로 한 시가 늘 옆에 걸려 있다.

— 피플파워(2012년 2월호)

칼 가는 할아버지

— 통영의 마지막 칼갈이, 강갑중

고열苦熱과 자신의 탐욕에

여지없이 건조 풍화風化한 넝마의 거리

모두가 허기 걸린 게사니같이 붐벼 나는 속을

…… 칼 가시오!

…… 칼 가시오!

한 사나이 있어 칼을 갈라 외치며 간다

그렇다

너희 정녕 칼들을 갈라
시퍼렇게 칼을 갈아들고들 나서라
그러나 여기
선善이 사기詐欺하는 거리에선
윤리가 폭행하는 거리에선
칼은 깍두기를 써는 것밖에는 몰라
칼은 발톱을 깎는 것밖에는 감쪽같이 몰라
환도環刀도 비수도
식칼처럼 값없이 버려져 녹슬거니
그 환도를 찾아 갈라
비수를 찾아 갈라
식칼마저 모조리 시퍼렇게 내다 갈라
(… 중략 …)

— 유치환의 〈칼을 갈라〉 부분

통영 문화마당에는 언제부턴가 노인 한 분이 파라솔을 펴고 손때 묻은 수틀 하나 달랑 놓고 톱과 칼을 간다. 톱날을 가는 모습이 하도 진지하여 하루는 할아버지 앞에 앉았다. 얼굴을 보아 칠순이 훨씬 넘은 것 같아 보이지만 구릿빛 얼굴에 잔잔한 미소가 흐른다. 장인

정신이 몸에 배었다. 요즘 누가 톱과 칼을 갈아 쓰는 사람이 있는가 싶었는데 그래도 단골이 한두 명이 아니라니 천만다행이다.

전원생활을 하다보면 톱은 필수품이다. 그런데 철물점에서 사다 쓰는 접이용 톱은 몇 번만 쓰고 나면 톱날이 무디어지거나 녹슬어 쓸 수가 없다. 얄팍한 상술에 늘 마음 상하지만 별 도리 없이 울며 겨자 먹기로 다시 살 수밖에 없다.

톱이 무디어지면 갈아 주는 것을 조건으로 나는 아주 쓰기 편리한 톱 한 자루를 이만 원에 샀다. 값을 치르고 "할아버지, 요즘 누가 톱과 칼을 갈아 쓰는 사람이 있습니까?"라고 물었다. "40년간 톱을 만들고 칼을 갈았제. 이제 아이들 다 키워놓고 뭘 하겠어. 정년퇴직이 없어 좋고 여기 나오면 많은 사람을 만날 수 있어 좋아. 밤에는 톱을 만들기 위해 본을 뜨고 낮이면 이곳에 나와 톱날을 만들고 갈고 닦아서 이렇게 사이즈별로 톱을 완성하제."라며 거침없이 이야기를 이어 나가는 영감님의 얼굴이 너무도 진지하다.

오늘은 할아버지께서 칼을 간다. 시퍼렇게 날을 세워 이리저리 돌려 보는가 하면 몇 번이고 뒤집어 칼을 간다. 저 칼로 맛있는 요리를 할 주부는 참 행복할 것이다. 쇠를 다루는데 한정 없이 무딘 나는 아내에게 칼 한 번 갈아주지 못했는데 이번 기회에 집안의 칼을 몽땅 챙겨 이 영감님께 갖다 드려야겠다.

강구안 희망가

통영의 영욕을 몸으로 부대끼며 한평생 외길을 걸어온 장한 할아버지. 구도자의 모습이 저러하리라. 자기 직업에 저렇게 만족하며 40여 년간 장인정신으로 살아가는 사람들이 몇 분이나 될까? 하루 일과를 마치고 나면 영감님은 주변을 깨끗이 청소하기도 하고 관광객에게 통영을 홍보하기도 한다.

몇 번 안면이 있는 터라 오늘은 "어디 사는 누구냐"고 묻기에 시청에 근무하는 아무개라고 했더니 호주머니에서 꼬깃꼬깃 접은 메모지를 내놓는다. 평소 일하면서 지은 노래 가사라며 작곡을 해 달란다. 연세에 비해 그래도 나름대로 통영을 잘 표현한 것 같다. 작곡을 하는 분에게 맡겨보겠다며 메모지를 받아들었다. 뭐 히트곡까지 될 리 없겠지만 통영에서는 벅수도 시 한 수 정도는 암송한다는 말이 실감나는 기분 좋은 날이다. 그야말로 문화마당의 살아 있는 신화다. 절로 존경스럽다.

세병관과 이순신광장을 잇는 통제영거리가 완공되면 통영의 예맥을 이어가고 있는 나전장, 소목장, 두석장, 갓일, 염장, 전통연, 전통누비 등 인간문화재는 물론이거니와 중앙시장 앞의 50년 경력 충무공작소 이평갑 대장장이, 대나무통발을 만드는 일에 50년 외길 인생을 바친 김동진 장인, 문화마당 지킴이 강갑중 톱쟁이 할아버지가 활동할 수 있는 작업장 한 칸 마련해 주는 것도 전통 문화를 살리고 보존하는 지름길이리라.

— 추억 속의 풍경 《사라져가는 것은 다 아름답다》 글 · 사진 김순철

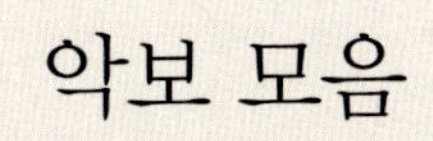

악보 모음

굴 까는 통영 아가씨

강갑중 글 고승하 곡

기다림

스윙

강갑중 글 고승하 곡

어머니 옛 빨래터

강갑중 글 고승하 곡

톱장수 50년

강갑중 글 고승하 곡

통영의 여인

강갑중 글 윤용우 곡
갈 매 - 기 배 - 고 파 먹 이 찾 아 날 고 있 네 -
갈 매 - 기 짝 을 잃 고 임 - 찾 아 날 고 있 네 -
똑 - 딱 선 오 고 가 - 는 통 영 항 연 안 부 - 두 -
똑 - 딱 선 오 고 가 - 는 강 구 안 문 화 마 - 당 -
그 리 운 님 가 신 배 는 왜 안 오 시 나 요 -
보 고 픈 님 타 신 배 는 왜 안 오 시 나 요 -
고 기 잡 아 만 선 되 - 면 오 시 렵 - 니 까 -
고 기 잡 아 만 선 되 - 면 오 시 겠 - 지 요 -
깊 은 밤 잠 못 - 이 루 니 스 쳐 가 는 찬 바 - 람 도
깊 은 밤 잠 못 - 이 루 니 스 쳐 가 는 찬 바 - 람 도
내 마 음 을 알 았 는 지 기 다 리 다 지 쳐 - 가 - 는
내 마 음 을 알 았 는 지 기 다 리 고 기 다 - 리 - 는
통 영 의 여 인 이 라 오 -
통 영 의 여 인 이 라 오 -

한 송이 꽃이라도

슬로우락
강갑중 글 고승하 곡
한-송이 꽃-이 라도- 사랑받 는 - 꽃이되어
지-나고 또-지 나도- 어-차 피 - 하룬것을
세-월은 흘-러 가도- 사랑받 는 - 꽃이되어
지-나고 또-지 나도- 어-차 피 - 하룬것을
향기품 은 - 내가슴 은 당 신만 을 사랑 해 요 - -
천년만 년 - 비옵니 다 행 - 복 을 누리 세 요 - -
설레이 는 - 내마음 은 당 신만 을 사랑 해 요 - -
천년만 년 - 비옵니 다 행 - 복 을 - 누-리 세 요 -
해-마 다 봄 이돌아 오-면- 이곳을 - 찾아와 요
해-마 다 봄 이돌아 오-면- 풍 기는 - 향기되 어
다시피 어 - 만나리라 백 년 을 핀-다 해도-
다시피 어 - 만나리라 백 년 을 핀-다 해도-
DC.

톱장인 강갑중의
50년 인생 노래

강구안 희망가歌

펴낸날 | 2015년 11월 9일

지은이 | 강 갑 중
엮은이 | 김 순 철
펴낸이 | 오 하 룡
펴낸곳 | 도서출판 경남

주 소 | 창원시 마산합포구 몽고정길 2-1
연락처 | (055)245-8818~8819
블로그 | gnbook.tistory.com
이메일 | gnbook@empas.com
등 록 | 제567-1호(1985. 5. 6.)
편집팀 | 오태민 | 심경애 | 구도희

ISBN 978-89-7675-000-6-03810

〔값 10,000원〕